D1871568

काव्यांजलि उदय

काव्यांजलि उदय

जगराम सिंह

GenNext Publication

इस पुस्तक के सर्वाधिकार सुरक्षित हैं। लेखक की लिखित अनुमति के बिना इसके किसी भी अंश को फोटोकॉपी एवं रिकार्डिंग सहित इलेक्ट्रॉनिक अथवा मशीन किसी भी माध्यम से अथवा ज्ञान के संग्रहण एवं पुन:प्रयोग की प्रणाली द्वारा किसी भी रूप में पुनरुत्पादित अथवा संचारित-प्रसारित नहीं किया जा सकता।

काव्यांजलि उदय

© जगराम सिंह

ISBN: 978-93-5324-179-7

भारत सन् 2019 में प्रकाशित

जेन्नेकस्ट पब्लिकेशन

5, अंसारी रोड, दरियागंज,

नई दिल्ली-110002

Phone : 9811692060

ई-मेल: gennextpublication@hotmail.com

मुद्रित: जी. प्रिंट प्रोसेस, दिल्ली

प्रशस्ति

'काव्यांजलि उदय' जो भरा नहीं है भावों से, बहती जिसमें रसधार नहीं। वो हृदय नहीं है पत्थर है, जिसमें स्वदेश का प्यार नही।। श्री जगराम सिंह की पुस्तक 'काव्यांजलि उदय' पढ़ते हुए। मैथिली शरण गुप्त द्वारा रचित ये पंक्तियाँ अनायास स्मरण हो आती हैं।

मात्रिक छन्दों में रचित इस काव्य संकलन में मातृभूमिभक्ति, राष्ट्रभक्ति एवं समाजभक्ति जैसे विषयों का समावेश है।

एक सच्चे कवि का भावबोध एवं कर्तव्यबोध इस संकलन की कविताओं में दिखाई देता है । सरल, सहृदय और मधुर स्वभाव के धनी जगराम जी के इस संकलन के लिए मैं अपनी शुभकामनाएँ देता हूँ और ईश्वर से प्रार्थना करता हूँ कि उनकी संवेदनशीलता और सृजनक्षमता निरंतर बनी रहे।

पद्मश्री डॉ. सुनील जोगी

उपक्षेप

'काव्यांजलि उदय'

तन समर्पित, मन समर्पित और यह जीवन समर्पित के उदात्त भावों को अपने जीवन में कर्म को आधार बनाकर, चरैवेति-चरैवेति के सनातन उद्घोष का अनुपालन करने वाले राष्ट्रीयता के लिए समर्पित साधक श्री जगराम जी को काव्य रचयिता के रूप में देखकर सुखद लग रहा है! यद्यपि जगराम जी के अनुसार उनका काव्य लेखन नया है तथापि उनकी काव्य प्रतिभा, छंदज्ञान, मौलिकता एक श्रेष्ठ कवि होने की अनुभूति कराती हैं। मात्रिक छंद एवं तुकांत शैली में रचित कविताओं में मातृभूमि, राष्ट्र एवं समाज के प्रति समर्पण, निष्ठा का भाव स्पष्ट समावेशित दिखाई देता है। पहला काव्य संकलन 'काव्यांजलि भोर' के उपरांत यह 'काव्यांजलि उदय' रूपी रचना क्रमिक रूप से भोर में सूर्योदय का आभास देती है। दोनों संकलनों में रचनाकार के भावों में क्रमिक सम्बन्ध एवं सामंजस्य दिखाई देता है! रचनाकार के अंतर में भोर के रूप में विश्व कल्याण, राष्ट्रीयता, आध्यात्म आदि भावों के रूप में साहित्य एवं काव्य का जागरण होने पर काव्य के सूर्य का उदय एक सहज प्रक्रिया है। साहित्य को समाज का दर्पण कहा जाता है यह कथन जगराम जी की रचनाओं के मर्म को अनुभूत कर सटीक दिखाई देता है। यह संकलन रचनाकार के अनुभव एवं विचारों का काव्यानुवाद दिखाई देता है। काव्य साधना की पगडण्डी पर पग बढ़ाते हुए नित नए आयाम छूने की मंगल शुभकामनाएँ।

गजेन्द्र सोलंकी
(कवि)

[1]

रणवीरो रणवीरो जागो उठो, अलस छोड़ के।
पावक अंगारे बनकर, दामिनि सा चमको।
तरुणतन तरनि बन, नित ज्वाल बरसाओ।।

ऊषा की हेम रश्मियां मुदित जगाती हैं।
खगकुल की आहें करुण राग सुनाती हैं।।
अवनि का तृण तृण उझक उझक ललकार रहा।
कंटक पथ गामी झरना भी धिक्कार रहा।।
मृगराज विपिन का बनकर, मेघ सा दहाड़ो।
शौर्य रूप धरकर, कायरता भगाओ।।

चेतना स्वयं तन धर कर द्वारे आयी है।
स्वाभिमान अजेयाकांक्षायें लायी है।।
'गौरव' अतीत का हृदय शुष्क तृण सा सुलगे।
उमंग क्षितिज के पार लांघनें को उमंगे।।
दानव दल की कारा से, पलक मुक्त कराओ।
भानु को दिवस का, जागृति स्वप्न गहाओ।।

राग द्वेष की आग झाग दे उफनती है।
ईर्ष्या 'विषमता' की सरि शाश्वत बहती है।।
बन्धुत्व स्नेह की मानस मीन तड़पती है।
एकता समरसता अबला सी विलखती है।।
दानवता के वारिद को, अनिल वल उड़ाओ।
दुष्कर्म तन मिटाकर, मानवता बचाओ।।

"भारत जननि" निशिचर कर फंसकर सिसक रही।
कोटि सुतों वाली की उच्छवासें खिसक रही।।
आशाओं की सरिता के नग्न कगारों में।
आह कराह वेदना की शुष्क कछारों में।।
करुणा के स्तन मानस में, श्रृंगार पय लाओ।
विरह की गोद में, संयोग को सुलाओ।

राष्ट्रभक्ति उर भाव कर काल तलवार लिये।
चीर शील का ओढ़, पौरुष रस, पान किये।।
स्वराष्ट्र धर्म और जाति के "जगराम्" बनकर।
परम वैभव के अटल स्वप्न को परिलक्षित कर।।
अभेद्य अजेय लौह कोट, बनकर संवारों।
अरिदल के वृक्ष को, अब समूल उखाडो।।

[2]

जन्म भूमि भारति,
कर्म भूमि भारति,
निज तन मन प्राण अर्पण।
उर सुमन भेंट,
नित करूं जननि अर्चन।।

तू ही महिमा महान मां है।
तू ही गौरव निधान मां है।।
स्वांस हमारी आश हमारी।
तू ही मेरी जननी प्यारी।।
जननि हित जियेंगे जननि हित मरेंगे।
तेरा करूं नित वंदन।।

तू ही मां मुदिता की स्वांसें।
तू ही करुणा की उच्छवासें।।
दु:ख की बाहें सुख की चाहें।
तू ही पथ की निष्कंटक राहें।।
तू ही है मां पुण्य मैत्री की धारा।
निज जीवनचरण अर्पण।।

तू ही दर्शन की सोम रश्मि मां।
तू ही संस्कृति की साया मां।।
तू ही इन्दु तू ही दिवानयन।
तू ही नवोदित धवल उडगन।।
तेरी है महिमा जगती से न्यारी।
भुवन करे अभिनंदन।।

[3]

सभी करो राष्ट्र कार्य युग की आवाज है।
धर्म राष्ट्र जाति के उत्थान का यह काज है।।

द्रोहियों की कारा में रो रही है जननि आज।
उठो दहाड़ों सिंह से जा रही है मां की लाज।।
आज जननि वक्ष पर गिरी दुश्मन की गाज है।।

पावन धर्म अनाथ हो रो रहा श्मसान में।
अधर्म का हो रहा है ताण्डव हर स्थान में।।
कुचाल रिपुदल की हमें मिटाना आज है।

राष्ट्र के कार्य में जो अब कांटे फैलायेगा।
जननि की शपथ वह बिना मौत मारा जायेगा।।
यह तो राष्ट्रभक्तों का भयहीन समाज है।।

भेदभाव स्वार्थ त्याग सभी लगो राष्ट्र कार्य से।
राष्ट्र हित बलिदान हो बनो "जगराम्" आर्य से।।
"सज्जनों" का संगठन ही धर्मशक्ति का राज है।।

[4]

अपनी यह भारत माता।
अक्षय वरदान की दाता।।
इसकी है महिमा न्यारी।
लगती फूली फुलवारी।।
अगणित "दिनकर" जनें इसी नें।।

भारति जननी अब विलखे।
लोचन में आंसू भरके।।
धरणी पर शीश पटककर।
हाथों को उर पर धरकर।।
दीन हो हेरे उर आश ले।।

पुण्य यज्ञ हित समिधा बनकर।
निज जीवन वारा हंसकर।।
तिल तिल दीपक सा जलकर।
अर्पित हो चरण रज बनकर।।
लाज बचायी विहंसि प्राण दे।।

भूलो मत भारत मां को।
जननि की उज्ज्वल गरिमा को।।
त्याग स्वार्थ द्वेष भाव को।
भर "जगराम" के घाव को।।
बन पथ के सहारे जननि के।।

[5]

सबल भानु शशि उडगण रे।
नव ऋतुयें पवन घटा रे।।
पावन गिरि विपिन निर्झर रे।
मधु प्रकृति की मुग्ध छटा रे।।

पल पल निज शीश झुकाकर।
तन मन धन जीवन वारें।।
दीपक श्रृद्धा के जलाकर।
जय जय का नाद उच्चारें।।
तेरे गुण नित गायें।
नित सुमन चढायें।।
बोलें भारति की जय।
उतारें आरती।।

नगपति सिर मुकुट संवारे।
नदियां गल माला डारें।।
पद्म पग नित जलधि पखारें।
कानन नख शिख श्रृंगारे।।
प्रकृति अजर आभूषण।
हंस हंस पहनाये।।
शुचि गात अप्रतिम वसन।
उतारें आरती।।

आँगन आनंद की थारी।
नंदन सी अति मनहारी।।
विपदा हरती है सारी।
रत्नों की भरती बुखारी।।
अंक "जगराम" सुला ले।
हृदय से लगा ले।।
चर अचर कल्याणिनि मां।
उतारें आरती।।

[6]

मातृभू पुकारती।
जागो आलस्य तज अरि
सेना है ललकारती।।

अरि प्रबल ग्रह आया।
निर्भय हो हुलसाया।।
करे निज मनमानी।
भर उर त्याज्य पानी।।
वीरो समय आया।
चुप कैसे बैठे हो?
जननी वाट निहारती।।

जननि की सौगन्ध ले।
'कर' विजयी ध्वजा ले।।
रिपु को जा संहारो।
साहस नहीं हारो।।
शीघ्र कटिबद्ध हो जा।
तलवार उठा वह,
जो रिपु के शीश उतारती।।

मिलि प्रतिज्ञा करें सब।
मां के कष्ट हरें अब।।
अरिदल समूल मिटा।
हठात श्मसान लिटा।।
"जगराम" नाद हुआ।
रवि सदृश व्योम चढ़
मिलि बोलें जय जय भारती।।

[7]

भारती जननि रही पुकार।
अब मिटती शान बचाओ।।

चौदह सालों तक रघुवर।
कानन में भटके दर दर।।
झेले निज तन कष्ट अपार।
वैभव को अमर बनाओ।।

गांडीव पार्थ कर लेकर।
निज बन्धु काल मुख देकर।।
अरिदल का किया संहार।
अब मां की व्यथा मिटाओ।।

रोटियां घास की खाकर।
कंटकमय जीवन जी कर।।
हंस सहे हृदय बज्र प्रहार।
बलिदान की गंगा लाओ।।

गुरु गोविन्द सिंह बलिदानी।
जिनकी जग विदित कहानी।।
जीवित सुत चुने दीवार।
नित त्याग समीर बहाओ।।

जीजा मां का रण बांका।
जिसका बाजा यश डंका।।
मुगलों को किया भव पार।
जननी की शान बढ़ाओ।।

सहस्रों ने फंदा पहना।
निज मान गले का गहना।।
उखड़ी "जगराम" सरकार।
अब राम राज्य घर लाओ।।

[8]

मातृ भूमि को कभी न भूलो।
सबको चाहे भूलो।
अगणित हैं उपकार कभी भी न भूलो।।

घाव हृदय में सहकर।
सुख में तुझे बढ़ाया।।
दुख झेले तन भारी।
अमिय तुझको पिलाया।।
राष्ट्र भक्षक बन मातृभूमि को।
टुकड़ों में मत तौलो।।

तृष्णाओं को संजो कर।
तुझको पाला पोषा।।
सुख से आप्लावित कर।
दैन्य दरिद्र को शोषा।।
स्वार्थी अज्ञानी निर्मोही बन।
रस में विष मत घोलो।।

भौतिकता के पथ में।
त्याग न मां का आंचल।।
मातृभूमि की गोदी।
सुखमय आश्रय अविरल।।
मातृभूमि का चरणामृत नित।
बिहंसि "जगराम" पीलो।।

[9]

ललकारा है अरि नें।।
सीमा पर बादल सा घुमड़ा कर
सेना सजाकर विजय स्वप्न लेकर।।
आया है रिपु बनकर।।

संकट पड़ा राष्ट्र पर आज भारी।
'सति' को कृष्णा सा करता उघारी।।
आंसू अबाध भरकर।।

वीरो बांध लो निज कमर कसकर।
कर में सम्हालो तलवार उठकर।।
टेरे मां रो रो कर।।

राष्ट्र की अस्मिता लुटने न पाये।
चाहे तन "जगराम" घाव आये।।
अब रक्षा करो डटकर।।

[10]

भारत माता की जय जय सब बोले।
प्यारी मां भोली भाली सब जग से निराली।।

प्रकृति अनुचर निशि दिन जननि की सेवा कर रहे।
प्रीति शृद्धा से झुका सिर पगों में नत हो रहे।।
आओ सब कर लो सेवा जननी की।
जन्म भू अष्ट सिद्धि काली।।

कोख से सुर भी लालायित जन्म लेने के लिए।
नित अर्चना जप तप करें पल भर बसने के लिए।।
सरस हृदया माता अक्षुण्य सुख दायिनि।
शुभ वर देने वाली।।

ममता की धवल प्रतिमा "जगराम" वेदना है।
क्षमा की रागिनी है स्नेह पुंज की रंजना है।।
आनंद की देने वाली पावन मां।
दारिद्र्य हरने वाली।।

[11]

अमूर्त मन की कामना यही।
सत्य सेवा व्रत अपनायेंगे।।
तन दीप बाती सा जलाकर।
समर्पण की राह दिखायेंगे।।

जो जीव जगत में पीड़ित हैं।
घृणा पात्र बन आलोकित हैं।।
पंगु के पथ की वैशाखी बन।
तरनी भव पार लगायेंगे।।

जो पड़े तिमिर के दल दल में।
घृणित असमानता के मल में।।
ममता की सजल मूर्ति बनकर।
निस्वार्थ ह्रदय से लगायेंगे।।

जो मन तरंग मार बैठे हैं।
निष्प्राण हित सिंधु उर पैठे हैं।।
ऐसे निराश पथ हीनों की।
आशा के सुमन खिलायेंगे।।

हे ईश! यही पुनीत वर दो।
परोपकार "जगराम" भर दो।।
दीनों की सेवा पूजा में।
"पलक" चरण तले बिछायेंगे।।

[12]

सत्य धर्म ध्वजा फहराते चलो।
राष्ट्र संस्कृति को बचाते चलो।।

इस पावन ध्वज के प्रभाव से।
दुष्ट दसानन वंश थर्राया था।
इस पावक रंग ध्वज की लौ से।
कुरु समूल मृत्यु मुख सोया था।।
प्रज्ज्वलित ज्वाल ले निष्कंटक चलो।।

वीर शिवा ने इस साया में।
क्रूर मुगलों को दबाया था।।
राणा प्रताप ने इसके हित।
जीवन आनंद लुटाया था।
घृतहीन दीप जलाते चलो।।

दहल जाये दुश्मन की छाती।
इसकी दामिनि सी चमक लखे।।
प्रलय राग सुन इस विजया के।
विलीन उडगण नभ भानु दिखे।।
नभ उन्नत ज्वार उठाते चलो।।

अटल शपथ लेते हैं इसकी।
भुवन भाल सजे कीर्ति यश की।।
अन्तिम चाहें अर्पित आहुति की।
बूँद बूँद पावन शोणित की।।
“जगराम” भेंट चढ़ाते चलो।।

[13]

वह दिनकर भी क्या दिनकर है,
जो तम घन दूर भगा न सका।
वह दीपक भी क्या दीपक है,
जो परहित तिलतिल जल न सका।।

निज प्रभुता कुटुंब मोह तज कर,
जिसने वन जाना स्वीकारा।
कण्टकाकीर्ण पथ पर चलकर
"राष्ट्र" "धर्म" हित सर्वस्व बलिहारा।।
वह विहान भी क्या बिहान है,
जो तम रिपु भानु उगा न सका।।

मन वचन कर्म से संकल्पित हो,
जिसने शूलों को अपनाया।
आत्मीय जनों के जीवन पर,
स्वयं काल मेघ बनकर 'छाया'।।
वह भागीरथ क्या भागीरथ,
जो सुरसरि भू पर ला न सका।।

राणा ने वैभव प्रणय त्याग,
स्वाभिमान हित तन वार दिया।
शिवा ने मृत्युंजयी कृपाण से,
भारति! का संकट दूर किया।।
वह त्यागी भी क्या त्यागी है,
जो गुरु-गोविन्द सिंह बन न सका।।

अगणित अप्रतिम आत्माओं नें,
'आहुति बन' भेंट चढ़ायी थी।
वैभवशाली अतीत के हित,
शोणित की धार बहायी थी।।
वह राष्ट्र भक्त क्या राष्ट्र यज्ञ में,
जो 'हविबन' हुत हो जल न सका।।

जिसने नित बिहंसि बिहंसि पाला,
पल पल पुलकित निज पलकों पर।
जिसने वीणा सा अंक लगा
प्रतिक्षण दुलराया ललकों पर।।
वह वसंत भी क्या वसंत है जो
पतझड़ "जगराम" खिला न सका।।

[14]

समर्पण जीवन का आधार।।

जहां त्याग वहीं शुद्ध अंतःकरण।
सौम्य, सरल, शुद्ध, निर्मल आवरण।
धवल सुरसरि की धार।।

परहित निज सर्वस्व अर्पण करता।
दीह दारुण त्रय ताप हरता।
अविरक्त प्रवाह कगार।।

एकता प्रेम का रवि उगाता।
पाप नाव भव बीच डुबाता।
निराशा की पतवार।।

राष्ट्रभक्ति त्याग बिना न संभव।
"जगराम" स्वार्थ राग पराभव।
अविरत प्रगति आगार।।

[15]

अविरल राष्ट्रभक्ति की प्रेरणा,
पावन राष्ट्रीयता है।
उज्ज्वल राष्ट्रीयता की आत्मा,
वत्सल भारत माता है।।

"भारत" मात्र भूमि का टुकड़ा,
"माता" प्राणाधार है।
राष्ट्रीय धर्म से व्यक्तिशः धर्म स्वयं,
मिथ्या मृत निराधार है।।
राष्ट्र धर्म ही सर्वोपरि धर्म है,
"गीता पंथ" दिखाता है।।

तन मन बुद्धि आत्मा स्वरूप ही,
मानव जीवन के मीत।
देश, धर्म, जन, भूमि अवयव ही,
अखण्ड राष्ट्र जीवन गीत।।
"राष्ट्र हित" राष्ट्र अक्षुण्य समृद्धि की,
अमिय धार बहाता है।।

सम्पूर्ण राष्ट्रदेह का कण कण,
शक्ति बूंद पावस की है।
एकात्मकता की प्रज्ज्वलित ज्योति,
मनः जागृति दिवस की है।।
"उत्कष्ट प्रेम" सनातन राष्ट्रहित,
त्याग पाठ पढ़ाता है।।

सचराचर का निस्वार्थ बुद्धि से,
हित राष्ट्रीय कल्याण है।
सेवा ही निर्मक्त निश्छल मन से,
"जगराम" का प्रमाण है।।
राष्ट्र हितैषी यह "महा मंत्र,"
उत्सर्ग ज्वार उठाता है।।

[16]

जगद्‌गुरू पुण्य राष्ट्र हमारा,
पुनर्जग का सिर मौर बने।।

'ज्ञानी गुरू' तेजधारी हों,
'सपूत' अरि विनाशकारी हों,
सत्यम् शिवम् सुन्दरम् मंत्र के,
अक्षय अभेद्य वितान तने।।

'कामधेनु' सब गायें होवें,
लता विटप सब कल्पवृक्ष होवें,
इच्छानुसार मेघ 'पय बरसें,'
बन अविरत 'सावन झरनें'।।

'योद्धा' वीर, निर्भय, अजेय हो,
दृढ़ संकल्प शाश्वत अभेद्य हों,
राष्ट्र गात पर नख शिख शोभे,
'सुभग नारियों' से गहनें।।

धन धान्यों से अवनि भरी हो,
"संजीवनी" पग "जगराम" हो,
अमोघ क्षेमकारी योग हो,
प्रिय स्वाधीनता शुभ्र रत्ने।।

[17]

जागो जागो सुत महान।।

मानवता को विष हलाहल,
संस्कारों का शयन रसातल,
सौहार्द्र का तन दावानल,
समाज 'सुकृति' विश्वासघाती,
दानवी तन्त्र का वितान।।

भेदभाव की लक्ष्मण धारा,
आज अनाथ भाईचारा,
कपट का निष्प्राण अंधियारा,
ममता विकल विक्षिप्ता माती,
का करुण रुदन अब श्मसान।।

सबके तन मन रंग एक से,
अन्तर्बाह्य स्रोत विवेक से,
निश्छल निर्मल निरा निमेष से
"अस्पृश्यता" भुजंगिनि विष थाती,
प्रलय राग ताण्डवी तान।।

कटुता का 'विषकुंभ' फोड़कर
घृणा ईर्ष्या धार मोड़कर,
अहं द्वेष "जगराम" छोड़कर,
नेह बंधुत्व अविरत बाती,
अखण्ड प्राण दीप समान।।

[18]

समरसता शाश्वत संजीवनि,
अविराम अखण्डता सुमाता।।

सरस सुहृदया सोम सुधासरि,
निस्वार्थ निश्छल निष्कपट पय वारि,
मन मोहक मोहनि मधु अनुचरि,
चलचंद्र चंचला चितवनि चेरि,
ममत्व बंधुत्व रागिनी ज्ञाता।।

परजन, पुरजन, परिजन धारा,
रीति नीति परम्परा सहारा,
लोकाचारी लावण्य तारा,
पावन अतीत सजल किनारा,
नेह जलद–महि पावस नाता।।

जन मन रंजन कुंजन सिंचन,
अविरल उन्नत संयोग अकिंचन,
शीतल मलय सुगंध अजिर–नंदन,
बावरि बहार वासंती कुंजन,
पूर्ण प्रीति पीयूष उद्‌गाता।।

विस्मृति विषम, विविध, विपल विवेक,
क्लान्त मनुज के आतुर निमेष,
अविरत "जगराम" अग्र अतिरेक,
मन वच कर्म वदन नेति अनेक,
समता ममता हृदय विधाता।।

[19]

भारत माता का अरि शोणित से शृंगार करेंगे।
दु:शासन की छाती के शोणित से मांग भरेंगे।।
अपमानों के शत घावों की सारी व्यथा हरेंगे।
जगत के सिंहासन पर फिर से मां को बैठायेंगे।।
मां का माथा ऊंचा करने ले गांडीव चलेंगे।
जिसने भी आंख उठायी उसकी आंखें फोडेंगे।।
जिसनें भी हाथ बढ़ाया उसकी बांह उखाडेंगे।
सौगंध राम की रणस्थल में दूध की लाज रखेंगे।।
तन मन धन न्यौछावर कर मां का मान बढ़ायेंगे।
जीवन दीप जलाकर पूजा की थाल सजायेंगे।।
पतझड़ के घर बसंत में "जगराम" प्रसून खिलेंगे।।

[20]

शहीद न चाहे श्रृद्धा सुमन,
समर न चाहे शान्त हवन
मन–वाणी से संकल्पित हो
कार्य करो निष्काम रे
यही धर्म का ज्ञान रे।।2।।

चाहे मिले सुख का सागर,
चाहे मिले दुख का दलदल।
स्वर्ग लोक का सारा वैभव
चाहे कदम चूमे पल पल।।
तेरा तुझको अर्पण का नित,
भाव मन्त्र कल्याण रे।।

चाहे मिले दीपक सा–तन
बाती बन हंस हंस जलना।
पंगु की वैशाखी बनकर,
दिखाते राह सदा रहना।।
दिनकर सा समदर्शी बनकर
करो नित्य उपकार रे।।

चाहे मिल जाये इन्द्रासन,
कभी अवध नहीं विसराना।
भारती के पद कमलों में,
जीवन की बलि चढ़ा देना।।
बल, तप, स्वाभिमान, "जगराम"।।
रखो राष्ट्र सम्मान रे।।

[21]

उपकारी बन जीना है तो,
चाह डगर में मत बैठो।
"जीवन" दीप बनाना है तो,
अकर्मण्य बनकर मत बैठो।।

असफलता के अंधियारे में,
जिसने आश नहीं खोई।
सदा सफलता मिलती उसको,
प्रेम जिसे पथ से भाई।।
कर्म ही पूजा नाम सफलता,
भाग्य सहारे मत बैठो।।

पथिक वही जो आजीवनभर,
पथ से नेह लगाता है।
ध्येय मार्ग पर अविरत चलकर,
अपनी राह बनाता है।।
बढ़ो सूरज से निर्भय होकर,
तिमिर राह में मत बैठो।।

मातृभूमि का वही पुजारी
जो हंस हंस बलि जाता है।
तम दल दल से राष्ट्र देव की,
नौका पार लगाता है।।
विजयी मन ले उड़ो ''जगराम''
पंख सिकोड़े मत बैठो।।

[22]

शत शत नमन शहीद जवानों के पावन बलिदान को।
मातृभूमि पर शीश चढ़ाने वाले सपूत जवान को।।
उग्रवादियों ने सीमा पर आतंक की आग लगाई।
आर्तनाद सुनकर जन जन का वीरों ने ली अंगड़ाई।।
कालदण्ड लेकर ललकारा घुसपैठिये शैतान को।।
मातृभूमि की खातिर हंस हंस कर कंटक पथ अपनाया।
दुश्मन गीदड़ गद्दारों को अपना बल पौरुष दिखलाया।।
थर थर कांपे हृदय अरि के सुन वन्दे मातरम् गान को।।
शोणित की एक एक बूंद तक प्रलयी ताण्डव दिखलाया।
जीवन की अन्तिम श्वांसा तक रण में यम बन कर छाया।।
समर भूमि में बलि हो बढ़ाया भारत मां के मान को।।
हंसते हंसते गोली खाकर किया मृत्यु का आलिंगन।
तेरा तुझको अर्पण कह किया मां का अन्तिम अभिवादन।।
बार बार बलि जानें का वर दो अम्बे! निज संतान को।।
वीर शहीदों की जननी के चरणों में "जगराम" नमन।
सर्वस्व लुटाने वालों के निज कुल को शत शत अभिनंदन।।
युग युग तक गाये मां जग तेरे पुत्रों के बलिदान को।।

[23]

मातृभूमि के चरणों में जीवन की भेंट चढ़ा देना।।2।।
उमड़ घुमड़ आतंकवाद के बादल घिर आये।
अलगाववाद, हिंसा के संकट सीमा पर छाये।।
भोर बन सूर्य उगा देना जीवन की भेंट चढ़ा देना।।
भरी सभा में दिव्य मानवता नग्न हो रही आज।
मां भारती के बेटों की लुटी जा रही लाज।।
श्याम बन चीर बढ़ा देना जीवन की भेंट चढ़ा देना।।
रोम रोम भारत माता का भय से कांप रहा।
दानवता की कारा में अतीत उर विलख रहा।।
दीप बन तिमिर भगा देना जीवन की भेंट चढा देना।।
वीर शहीदों की समाधि पर भगवा फहराओ।
खण्डित "जगराम" झांकी को अखण्डित रूप बनाओ।।
राष्ट्र का मान बढ़ा देना जीवन की भेंट चढ़ा देना।।

[24]

चलो चलो कारगिल की घाटी हमारी है।।2।।
पाकिस्तानी दु:शासन खींच रहा सारी है।
जग की सभा में आज कर रहा उघारी है।।
हिंसा अत्याचार की छायी अंधियारी है।
आज अपमानित दीन अबला बेचारी है।।
वीरों के हुंकार से गूंजी स्वर्ग क्यारी है।
घुसपैठियों से मुक्त हो खिली फुलवारी है।।
वीरों की समाधि पर जीवन बलिहारी है।
भारती के चरणों में भेंट शक्ति सारी है।।

[25]

आरती उतारो मां भारती के लालों की।।2।।
वीर शिवा ने खड्ग उठाई।
हिन्दू राज्य की ज्योति जलाई।।
इस्लामी शैतानों का नाश करनें वालों की।। आरती–
गुरु गोविन्द नें धर्म बचाया।
जीवन का सर्वस्व लुटाया।।
अंधियारे में उजियाला करनें वालों की।।
राणा ने दुश्मन दहलाया।
कभी न अपना शीश झुकाया।
राष्ट्र हित घास की रोटी खानें वालों की।।
भारत मां के हृदय दुलारे।
फांसी चढ़े नयन के तारे।।
आजादी हित प्राण न्योछावर करनें वालों की।।
स्वर्ग से बढ़कर भारत माता।
जन्म जन्म से मां का नाता।।
ममतामय भारत माता हिन्दू मतवालों की।।
बज्राघाती सहा प्रहार।
सीमाओं पर गये बलिहार।।
समरांगण में ताण्डव करनें वालों की।।

[26]

मां भारती की गोदी हर जन्म में मिले।
हिन्दुत्व की ऊषा में जीवन सुमन खिले।।2।।
जन्म भूमि पावन है स्वर्ग से महान।
दैवत्व की विभा का नूतन धवल विहान।?
बनवासी राम की सी मृदुल मुस्कान हो।
राष्ट्राय स्वाहा की नित ज्योति उर जले।।
मातृभू का कण कण स्वमेव स्वाभिमान।
सृष्टि की आशा का जाज्वल्य विवस्वान।
गोपाल मुरलीधर सा कठोर हृदय हो।
शांति के लिए अपनों के सिर चक्र चले।।
रागिनी की जीवित प्रत्येक श्वांस हवन।
कण्टकाकीर्ण राह का हृदय से नमन।
आत्माहुतियों की सी अटल प्रतिज्ञा हो।
मौत के गले में पुष्प सेज तज मिले।।
जिस योनि में हो जन्म मां भारती ही हो।
नित मुख में भारती की ही आरती हो।
चरणों में कोटि वंदन "जगराम" समर्पण।
चंदन सी रज मां भारती के चरणों की मिले।।

[27]

निज धर्म हित, निज राष्ट्र हित, निज जाति हित बलिदान हों।
मन-वचन-कर्म से अतीत के विवस्वान हों।।
शब्द मेरी वाणी के अविरत यश गान गायें।
श्वांस के आरोह-अवरोह में गौरव सयाये।।
कण्ठ के निष्प्राण उपवन को बंधुत्व का अमृत चखा दो।
प्राण के दीप में सर्वस्वार्पण की बाती लगा दो।।
हृदय की चौपाल में "समवर्ति" का दीपक जला दो।
दृवी की नटि बीथिका में "समदर्शि" की गंगा बहा दो।।
उदर की वाटिका में शाश्वत संस्कृति पुहुप महके।
मैत्री करुणा मुदिता, उपेक्षा की नित बघ्नि दहके।।
कर के अजिर में सेवा कर्त्तव्य का कल्पवृक्ष उगा दो।
पैर की नौका को दुर्जय सामर्थ्य युक्त नाविक थमा दो।।
चपल मन की रागिनी में मातृत्व का राग गूंजे।
स्पर्श के स्पंदन में देवत्व को नित सुमन लें पूजें।।
संकल्प के हवन में विहान का दिवाकर उगा दो।
काय में भवन नाश हित मुचकुन्द की ज्योति जला दो।।
प्रीति की सौगन्ध आजन्म नीति चरणों में समर्पित।
ऊषा-संध्या का मधुर नव संयोग-वियोग अर्पित।।
याचना के प्राण की कृश वेदना की वंदना है।
भोर के ओट में सिमटी निशा की नम्र अर्चना है।।
मुक्ति के उपहार स्वर्ग के मधु ऐश्वर्य की चाह नहीं।
"मातृभू" की उत्कट भक्ति की उर में अंतिम चाह यही।।
पथ भूल न जाये पथिक कही, "जगराम" श्रुति की भिक्षा दो।
शील, ध्येय, निष्ठ, संकल्प, दिव्यास्त्रों की सत्वर शिक्षा दो।।

[28]

ॐ जय जय जय माता।
पुत्रों पर ममता का हाथ धरो माता।।2।।

दूध पिलानें वाली जन्म देनें वाली,
पूज्य गुरु की पत्नी, भोजन देनें वाली।।

ईष्ट देव की पत्नी, पूज्य पिता पत्नी।
सौतेली–सहोदरा बहनें, प्रिय सुत पत्नी।।

सास, भाई की पत्नी, दादी, मां की माता।
मौसी, बुआ और मामी, जय भारत माता।।

जो नर इनको मातु मान ध्याता।
कहता सत्य "जगराम" परम गति पाता।।

[29]

सुख वैभव को ठुकराकर, स्वीकारा कानन धाम।
विपदाओं में भी सिर उठाकर चले प्रभु श्रीराम।।2।।
पूज्य पिता के बचन मान, मोह से नाता तोड़ा।
राजपाट का ठाठ भुला, जंगल से निज को जोड़ा।
मानवता के लिए भिखारी तब बने प्रभु श्रीराम।।
ऊँच नीच का भेद मिटाकर सबको कण्ठ लगाया।
समरसता का शंख बजा ममता का सूर्य उगाया।
निर्बल दीन दुखियों के उद्धारक बनें प्रभु श्रीराम।।
दानवता की बदली को प्रलय पवन बन उड़ाया।
अधर्मियों का नाम मिटा, मां भारती को बचाया।
"जगराम" की फंसी नाव के बने नाथ श्रीराम।

[30]

काटों वाली शरशैय्या को सुमन सेज बनाया।
तिलतिल जलकर श्रीकृष्ण ने स्वयं को दीप बनाया।।2।।
जन मन के तार तार में प्रेम की ज्योति जगाई।
वंशी की स्वर लहरी से षटरिपु की चिता लगाई।
निस्वार्थ प्रेम की सजल घटा से परिपूर्ण भिगोया।
स्वाभिमानी जीवन जीनें वाला पाठ पढ़ाया।
स्वतंत्रता का कल कल–छल–छल वाला गान सुनाया।
खेल खेल में सोये उर में सूर्य तेज जगाया।।
अधर्म की छाती पर चढ़ साम्राज्यवाद को रौंदा।
सज्जन शक्ति की टापों से अन्यायी को निर्मम खौंदा।।
शोषित पीड़ित आंगन में शान्ति का साज सजाया।।
तत्वज्ञान जीवन दर्शन की, सत्पथ नवराह दिखाई।
निष्काम कर्म की मां गंगा, जन जन "जगराम" बहाई।
संघ शक्ति ही धर्मशक्ति वाला अनुपम संदेश सुनाया।

[31]

सिंहासन हिल उठे शत्रु के जब विक्रम ने ललकारा।
सीमा पार खदेड़ शकों को काल बन संहारा।।2।।
दुश्मन की बर्बरता ने शुभ संस्कृति को नष्ट, भ्रष्ट किया।
भरत भू की देव प्रतिष्ठा को क्षण में बर्बाद किया।
दशाओं में गूंजा जय हर-हर महादेव नारा।।
मान बिन्दुओं की आत्मा को बर्बस कारा बंद किया।
मानवता का गला घोंट "स्व" का शीश कुचल दिया।
काल चक्र ले रणभूमि में नरसिंह बनकर हुंकारा।।
अपमानों में झुलसे भारत, को पुनः आश्वस्त किया।
भूली भटकी दिव्य शक्ति का, "जगराम" प्रशस्त किया।
भागीरथ बन लाये सुरसरि की अमृतमय धारा।।

[32]

अत्याचारी अन्यायी यूनानी शत्रु भगा दिया।
चन्द्रगुप्त की चन्द्र छटा ने भारत स्वर्ग समान किया।।2।।
अरि के प्रबल प्रहारों से नगर ग्राम श्मसान हुए।
सुख वैभव के सब क्षण दुर्भाग्य से पराधीन हुए।
चंदन सी आभा को पलभर में सब राख किया।।
राष्ट्र प्रेम का दीप जला दूर किया अंधियारा।
जनशक्ति में "जगराम" भाव भर किया रवि उजियारा।
राष्ट्र की सोयी शक्ति में प्राणों का संचार किया।।
वीर सपूत ने समर में मां का मान बढ़ाया।
हंसते हंसते अपने जीवन का सर्वस्व चढ़ाया।
मां हित शिव शंकर बन काल कूट विष पान किया।।

[33]

चंदन मय भारत की माटी,
वप्पारावल की थाती।।2।।

इसके आंचल में पौरुष ने,
अपनी आंखें खोली।
इसके हृदय में प्रकृति ने,
अमृतमयी ममता घोली।
स्वाभिमान गौरव को थपकी;
दे दे सदा सुलाती।।2।।

वीर प्रसूता की माया ने,
नव इतिहास रचाया।
अरब देश की सीमा तक
जिसने दुश्मन को थर्राया।
संस्कृति के उजड़े घर में,
अविरल करुणा बरसाती।।2।।

मातृभूमि के आराधक ने,
यवनों का किया दमन।
आर्य धर्म की दशों दिशाओं,
में गूंजी विजयी गर्जन।
पुण्य राष्ट्र की जय पताका,
गगन "जगराम" लहराती।।2।।

[34]

राष्ट्र देव के चरणों में, भेंटा अपना कुल सारा।
सुख वैभव तज बना भिखारी, गुरु गोविन्द सिंह प्यारा।।2।।
पूज्य पिता की भेंट चढ़ाकर धर्म की आन बचाई।
राष्ट्र की डूबती नौका को भव से पार लगाई।
दीपक की बाती सा जल जल अपना सब बलिहारा।।2।।
धर्म की खातिर दीवालों में प्यारे सुत चिनवाये।
कांटों की शैय्या पर सोकर जीवन दीप जलाये।
भागीरथ बन पुरखों हित लाये गंगा की धारा।।
सोये पौरुष हृदयों में राष्ट्रभक्ति शंखनाद किया।
तिमिर फोड़-उठो सपूतों! दिनकर बन आह्वान किया।
अन्याय अधर्म को जीवन भर, ही "जगराम" ललकारा।।

[35]

स्वाभिमान के लिए घास की रोटी वन में खाई।
हल्दी घाटी के आंगन में कुल की भेंट चढ़ाई।।2।।
भारत माता के पूत ने भाला हांथ संभाला।
सर्वनाश करनें मुगलों का चला वीर मतवाला।
महाकाल बन रणभूमि में सिंह ललकार लगाई।।
राष्ट्रभक्ति का शंख बजाकर वीरों को ललकारा।
शिवशंकर सा रौद्र रूप रख, मुगलों को संहारा।
आज चुकाना है ऋण मां का सच्ची यही दुहाई।।
प्रलयी गर्जना से मुगलों का दल का दल थर्राया।
मार काट कर अरिमुण्डों का रण में ढेर लगाया।
राष्ट्र मूल्य के हित वलि होकर कीमत सब चुकाई।।
स्वतंत्रता की बलि वेदी पर जीवन भेंट चढ़ाया।
हंस हंस कर जननि के चरणों में "जगराम" लुटाया।
तिलतिल जलकर जननी के दूध की लाज बचाई।।

[36]

मातृभूमि के लिए लगा दी,
बाजी अपने प्राण की।
बजी दुंदुभी रणभूमि में,
वीर शिवा के कृपाण की।।2।।

धर्म अनाथ बनकर सिसके,
गायें कटें चौराहों पर।
मां बहिनों का मान लुट रहा,
संस्कृति नग्न कुराहों पर।
दिनकर सुत नें प्रलयानन बन,
लाज रखी सम्मान की।।

दुश्मन की हर चाल मिटाकर
मौत के घाट सुलाया।
स्वर्ग से राम राज्य को लाकर,
हिन्दुत्व शंख बजाया।
'हिन्दवी प्रतिष्ठा की' मंदिर में,
जननी के आह्वान की।।

अत्याचारी "जगराम" कुचल,
भारत स्वर्ग समान किया।
पुण्य धरोहर में फिर से नव–
प्राणों का संचार किया।
जनमन में विश्वास जगाकर
कथा रची बलिदान की।।

[37]

मातृभूमि के चरणों में सब छत्रसाल ने बलिहारा।
कमर कसी तलवार पुरानी, मुगल शत्रु को ललकारा।।2।।
मां बहिनों की लाज बचाई मान बिन्दुओं को पाला।
गंगा गौ भारत माता को, पहनायी जय की माला।
अतीत के अक्षय सुख वैभव का गूंज उठा फिर नारा।।
सिंहों की मतवाली सेना लेकर अरि पर टूट पड़ा।
हाहाकार मचा अरि दल में शत्रु शीश झुकाये खड़ा।
नयन तीसरा खोलो शंकर, बन कर शत्रु ओर निहारा।।
भारत माता के उजड़े आंगन में प्रसून खिलाये।
स्वाभिमान का दीपक जलाकर वीर सपूत कहाये।
धन्य भारत भू-धन्य "जगराम" गगन में गूंजा जय कारा।

[38]

पीड़ित जननी के सपनों को कभी न किया निराश।
निज प्राणों का दीप जला जीवन भर लड़े सुभाष।।2।।

तिलतिल जल जीवनभर जननी को आश बंधायी।
चरण में सर्वस्व चढ़ाकर आहुति की थाल सजायी।
अतीत को पुनः जीवित करनें पिलाया मधु विश्वास।।

भारत माता की नव भक्ति का मिला अटल वरदान।
जीवन की हर श्वास श्वास मां का रखा सम्मान।
शोणित की हर बूंद भेंट कर किया प्रचण्ड अट्टहास।।

हंसते हंसते इसी तन से मां का मान बढ़ाया।
सुख वैभव का अक्षय "जगराम" चरणों में चढ़ाया।
मातृभूमि की सेवा के हित त्यागा भोग विलास।।

[39]

कफन बांध कर चले शीश पर,
भारत मां के रखवाले।
आजादी का शंख बजा,
आजाद चले बन मतवाले।।2।।

खूब छकाया फिरंगियों को,
कभी दांव पर नहीं आये।
सिंह सपूत की ललकारों से,
दुश्मन अबला बन रोये।
अन्यायी का शीश, कुचलने,
बन चले सहस्रों फण वाले।।

थर थर कांप उठा गोरी दल,
प्रलय काल बन जब गरजा।
भागा सुधि बुद्धि विसरा कर,
जब वारिस सा गोला वरसा,
झूम झूम की ताण्डव लीला,
बन शंकर भोले भाले।।

सिंहनाद से कंपी दिशायें,
दुश्मन की छाती थर्रायी।
दासता की काली बदली को,
"जगराम" से घबरायी।
परिपाटी बलिदान भाव की,
डाल गये बन दिलवाले।।

[40]

ऊषा के नयन सितारे, रजनी के उर नयनारे।
मौन तपस्वी कर्मभूमि में, ध्येय व्रती केशव प्यारे।।2।।
बूढे भारत के घर फिर से जीवन ज्योति जगाई।
निश्चेत हृदय में राष्ट्रीयता बदली बरसाई।
जग जननी के सपनों के बने धवल चांद सितारे।।
दासत्व का भाव मिटाकर, स्वाभिमान भाव जगाया।
क्षुद्र भावना और स्वार्थ राग का सब कलुष हटाया।
हिन्दुत्व दीप जलाकर, समरसता के बने किनारे।।
दृढ़ निष्ठा, प्रेम समर्पण का घर, घर में अलख जगाया।
विश्व बन्धुत्व निस्वार्थ भाव का, सबको "जगराम" पढ़ाया।
संघ शक्ति के रूप में आकर सृष्टि के बने सहारे।।

[41]

सीमाओं पर सज्जित होकर बढ़ो आज रणधीर।
हाथों में ले अर्जुन का गांडीव और तूणीर।।2।।
इसके बलिदानी बेटों नें इसको खूब सजाया था।
तन मन धन की भेंट चढ़ा जग जननी इसे बनाया था।
कुछ कपूत दु:शासन बनकर आज खींचते चीर।।
मातृभूमि का कटा अंग, शोणित की धार बहाता है।
महिमा मंडित मुकुट आज पैरों से रौंदा जाता है।
थर-थर भय से कांप रहा है मां का दिव्य शरीर।।
चलो सपूतों कमर कसो, अब कर में दिव्यास्त्र संवारो।
चरण सदा चूमेगी "जगराम" साहस कभी मत हारो।
पलभर की न देर करो, है जननी विकट अधीर।।

[42]

हम भारत मां के बच्चे हैं,
मां का मान बढ़ायेंगे।
हम सब कठिन परिश्रम करके,
स्वर्ग धरा पर लायेंगे।।2।।

जो अपने हैं अनपढ़ भाई,
उनको ज्ञान सिखायेंगे।
जो अभाव के कारण पिछड़े,
उनको गले लगायेंगे।
आपस में हम भाई-भाई,
मीठा राग सुनायेंगे।।

ऊंची नीची भेदभाव की,
हम दीवार ढहायेंगे।
नेह सुधा का दीपक लेकर,
कलुषित तिमिर भगायेंगे।
भौतिकता के हर आंगन में,
तुलसी विटप लगायेंगे।।

अतीत के गौरव की गाथा,
घर-घर आज सुनायेंगे।
भूली भटकी राष्ट्र-शक्ति को,
फिर से आज जगायेंगे।
'आतंकवाद' की लंका को हम,
बन बजरंग जलायेंगे।।

कपटी स्वार्थी मिशनरियों की
जड़ से बेल उखाडेंगे।
सेवा से धर्मान्तरण करने
का हम स्वाद चखायेंगे।
हिन्दू-हिन्दू हम एक रहेंगे।
सिंहनाद गुंजायेंगे।।

सिंधु तीर पर तीन दिवस तक
हम साष्टांग लगायेंगे।
चौथे दिवस ब्रह्मास्त्र उठाकर
बूंद-बूंद तरसायेंगे।
उन्हीं राम की हम संतानें,
ढाहन आज रुलायेंगे।।

गीता का संदेश सुनाकर,
जग को राह दिखायेंगे।
अत्याचारी जेहादियों के,
धड़ से शीश उतारेंगे।
नंगे पैर दौड़ करके हम
लुटती लाज बचायेंगे।।

सीमाओं की ओर चलो अब,
दो-दो हाथ दिखायेंगे।
कालयवन के वंशजों को सब
मिलकर धूलि चटायेंगे।
जगो "जगराम" और जगाओ,
फिर मत धोखा खायेंगे।।

[43]

काश्मीर है स्वर्ग धरा का,
हम सबने है माना।
भारत मां का भाल शिरोमणि,
परम पुनीत सुहाना।।

कभी न यह छिनने पाये,
हमने मन में ठाना।
अतुलनीय सुरम्य जगत का,
जन जन ने यह जाना।।

शत्रु कुदृष्टि लगाये बैठा
घातक साध निशाना।
धरती के उत्तुंग शिखर पर
है काश्मीर पुराना।।2।।

कितनी चाल चली शत्रु ने,
लगा न आज ठिकाना।
कितनी भी सैन्य बढ़ा ले,
उसको मुंह की खाना।।

जागो! हे भारत वीरो,
लेकर अपना बाना।
उठो! बढें! कदम "जगराम"
धर केशरिया बाना।।

[44]

वीर सपूतों का यह 'प्यारा भारत देश महान है।
सारी दुनिया भर से ऊंची इसकी प्यारी शान है।।2।।
सिर पर इसके मुकुट हिमालय बैठा सीना तान है।
लोट रहा सागर चरणों पर करता नित गुणगान है।
हरे भरे कानन आंगन में भरते मधुमय तान हैं।।
गंगा यमुना गोदावरी और सोन नर्मदा स्थल हैं।
कल-कल छल-छल कर निनाद बहती अमिय सरि अविरल है,
नित बिखेर देती वसुंधरा सजल ईश वरदान है।।
श्रीराम, कृष्ण, वामन, वराह 'अरु गौतम बुद्ध' महान हैं।
चार वेद अरु शास्त्र उपनिषद गीता और पुराण हैं।
हंस हंस कर वीरों ने अपना दिया यहां बलिदान है।।
इसकी शान न जाने पाये, चाहे जाये जान है।
"जगराम" हो आज वतन पर नत् हो जाये कुर्बान है।
आर्यावर्त कहाने वाला यह भारतवर्ष महान है।।

[45]

निज शरीर की आहुति दूंगा,
किसी बात की चाह नहीं।
मातृभूमि के लिए मरूंगा,
जीवन की परवाह नहीं।।

प्राण हथेली पर निज लेकर,
कालरूप बन जाऊंगा।
महासमर में बैरी दल को,
ताण्डव आज दिखाऊंगा।।
मां का ऋण आज चुकाऊंगा,
न्योछावर की बांह गही।।

कर अजेय तलवार उठाकर
रणचण्डी बन जाऊंगा।
पैरों में भूचाल उठाकर,
प्रलयंकर कहलाऊंगा।।
उर हार वीर व्रत पहनूंगा।
समरांगण की राह यही।।

मखमल की शैय्या ठुकराकर,
धरती सेज बनाऊंगा।
पद कमलों में सर्वस्व लुटाकर
जीवन सफल बनाऊंगा।।
मंत्र स्वतंत्रता का ध्याऊंगा।
उर की अटल उछाह सही।।

उठो लिखो इतिहास सुनहरा,
पुनः अतीत ने ललकारा।
राष्ट्रभक्ति का सूरज उगाकर,
दूर भगाओ अंधियारा।।
आत्महवन की सुभग घड़ी हित,
नव "जगराम" उत्साह वही।।

[46]

सोने के सिंहासन पर भारत मां को बैठायेंगे।
अपने खून पसीने द्वारा स्वर्ग-धरा पर लायेंगे।।
हम ऋषि मुनियों की संताने, हम भारत के गहने हैं।
हम रणवीरों की संताने, हम भारत के सपने हैं।
अपने त्याग तपस्या द्वारा गंगा-भू-पर लायेंगे।।
हम प्रलयंकर नेत्र तीसरा, हम जन मन उपकारी हैं।
हम अमोध अजेय चक्र सुदर्शन, अटल वीरव्रत धारी हैं।
स्वाभिमान के अडिग पुजारी, भारत को महकायेंगे।।
हम ब्रहमचारी की दृढ़ प्रतिज्ञा हम जन जन के पालक हैं।
योगेश्वर की ध्येय साधना, शाश्वत धर्म संचालक है।।
मानवता के चिर आराधक, जीवन सुमन चढायेंगे।
हम कर्मवीर की त्याग तपस्या दिग्विजयी आह्वान हैं।।
हम स्वतंत्रता की बलिवेदी, हम सनातन पहिचान हैं।
राष्ट्रदेव के पद कमलों में, जीवन दीप जलायेंगे।।
उठो अंबर का वक्ष चीर दो, सागर में ज्वार उठा दो।
बढ़ो प्रलय की आंधी बनकर अरि को "जगराम" जला दो।
दसों दिशाओं में भारत की विजय ध्वजा फहरायेंगे।।

[47]

जाग उठी अब वानर सेना,
अत्याचार मिटाने।
निकल पड़ी वीरों की टोली,
रामराज्य को लाने।।

राष्ट्रभाव का मंत्र जगाकर,
कर्त्तव्य भाव सिखलाया।
संगठन का दीप जलाकर
समर्पण पाठ पढ़ाया।
लोकशक्ति के महासागर में,
प्रलय भूकंप उठाने।।

मग में जो बाधायें आयीं,
हंस हंस पार किया।
छद्मवेषी, मायावी, कपटी,
सबका संहार किया।।
कटि-कसी तलवार अतीत की,
स्वाभिमान घर लाने।।

ऊंच नींच का भेद मिटाकर,
सबको गले लगाया।
समता के अनमोल हार में,
मोतियों सा पिरोया।
महिमा मंडित अनुपम थाती,
जीवन हार चढ़ाने।।

अपना जीवन दीप जलाकर,
चरणों में बलिहारा।
स्वांस स्वांस में राम काज हित,
अटल संकल्प संवारा।।
अखण्डता की पुन:प्रतिष्ठा का
स्वप्न साकार बनानें।।

कमर कसो, करो भीष्मप्रतिज्ञा,
चरण "जगराम" चूमे।
सुख वैभव की सावन बदली
वसुंधरा पर झूमे।।
सर्वस्व अर्पित पावन चरणों में,
जीवन थाल सजाने।।

[48]

जागो! भारत वीर मनस्वी।।

छद्मवेष धारी दुश्मन को,
उठकर अब पहिचानो।
चक्र सुदर्शन लेकर कर में।
अरिदल पर संधानो।।
करो कूच अब समरांगण को,
ओ! दृढ़ संकल्प यशस्वी।।

भेदभाव, कपट, घृणा की,
घर घर आग लगी है।
धर्मान्तरण, पाश्चात्य की
सबको रटन लगी है।।
जगो, जगाओ सुप्त सिंह को,
ओ! नर नाहर बलस्वी।।

सभी दिशायें लाल हुई,
आतंकवाद फैला।
अपनों का लहू पी रहा,
हर आंगन आज जला।।
पहनो अब केसरिया बाना,
ओ! कर्मवीर ओजस्वी।।

अटल चुनौती स्वीकारो,
ताण्डव पुनः दिखादो।
स्वार्थी लोलुप आक्रांता,

अरि को स्वाद चखा दो।।
थाल सजा, प्राणार्पण हित
ओ! प्रहरी चिरवर्चस्वी।।

समय नहीं अब सोने का,
उठ रण साज सजाले।
सीमायें है सुलग रही जब,
तू भी शस्त्र उठा ले।।
सजा आरती तलवारों की,
ओ! "जगराम" तपस्वी।।

[49]

मातृभूमि का कण कण हम को प्राणों से भी प्यारा।
भारत देश हमारा प्यारा भारत देश हमारा।।
समय समय पर यहां प्रभु भी मानव रूप में आये।
खेल खेल कर इसी धूलि में नारायण कहलाये।।
इसकी महिमा देवभूमि सी गूंजा जय जयकारा।।
ऋषि मुनियों ने अपने तप से पावन इसे बनाया।
कण कण तीर्थ बनाकर इसका जग में मान बढ़ाया।।
तिल तिल जलाकर धर्म भूमि पर अपना जीवन वारा।।
वीर सपूतों ने शोणित से इसका कण कण सींचा।
जीवन दीप जलाकर अपना नंदन किया बगीचा।।
प्राणार्पण कर कर्मभूमि पर अस्त हुआ ध्रुवतारा।।
उठो! कसो। तलवार कमर में मां की दशा निहारो।
घर में छिपे हुए जयचदों को "जगराम" संहारो।।
दसों दिशाओं में गुंजा दो अखिल विजय का नारा।।

[50]

बढ़ो सपूतों धर्म समर में,
भेरी आवाज लगाये।
स्वागत में किरणें भानु की,
आतुर हैं थाल सजाये।।

आलस्य, ममता, मोह तजकर
जागो वीर मतवालो।
विजय श्री पग चूमे प्रतिपल
प्रयाण सहस्र कर वालों।।
अपमानित लाचार भारती।
नयनों से अश्रु बहाये।।

निज पुत्रों की करतूतों से,
उन्नत-गिरि भाल झुका है।
अटल विजय अभियान धर्म का,
संभ्रम में चक्र रुका है।।
सुभट अपराजित अपमानित
खड़ी झोली फैलाये।।

नव स्फूर्ति जन-जन में भरकर,
सत्वर लोकशक्ति जगाओ।
दानवता का सिर कुचल कर,
अमरत्व सुधा बरसाओ।।
दिव्य भारती पर-कारा में,
प्रतिक्षित आशा लगाये।।

कृतज्ञता का अखण्ड महावृत,
उर घर सजग संभालो।
सेवा का संकल्प "जगराम"
अमूल्य धरोहर पालो।।
राष्ट्र देव के पद पंकज में,
सुमन समिधा बन जाये।।

[51]

पांचजन्य का नाद अखण्डित,
गांडीव की टंकार है।
समरांगण में अर्जुन की
प्रलयंकारी हुंकार है।।

उन्हीं के वंशज आज चले,
पहन केसरिया बाना।
प्राण हथेली पर लेकर,
उर में वीरव्रत ठाना।।
दसों दिशाओं में गूंजी,
दिग्विजयी ललकार है।।

अरिमुण्डों को काट काट,
रण में अंबार लगाया।
खप्परधारी रण चंडी बन,
फिर घमासान मचाया।।
महासमर की वेदी पर,
गूंजी आर्त पुकार है।।

मार भगाया खोहों तक,
रौदा अश्वों की टापों।
प्राणदान की भीख मांग,
लज्जित निज करनी पापों।।
"जगराम" ने पुष्प चढ़ाये,
शक्ति की जय जयकार है।।

महाप्रलय का तूर्य बजा,
अपनें शस्त्रास्त्र उठाओ।
रिपुदल का पूर्ण दमन कर,
अवनी को स्वर्ग बनाओ।।
त्याग समपर्ण की गाथायें
जनजन का आधार हैं।।

[52]

आज जागरण का स्वर लेकर चले वीर मस्ताने।
प्राण हथेली पर ले अपने, चले अमर दीवाने।।
चट्टानों में राह बना ध्येय निष्ठा का रवि उगाया।
सागर को अंजुलि में भर पौरुष का दीप जलाया।।
शैशव जगती के दृगों को चले निज रूप दिखाने।।
गिरि जंगल को लांघ चले ज्यों चले दिवाकर नभ में।
सत्वर आशाओं की तरनी चली अबाध जल थल में।
हृदय वीरव्रत ध्येय मार्ग पर चले ध्वजा फहराने।।
शोणित, श्वेद बहा अपना सत्ययुग धरती पर लाना।
बंधुत्व, ममत्व, का नेह सुधा हर आंगन में बरसाना।।
प्रसून अक्षय मुस्कान ओढ़ चले "जगराम" महकाने।।
चाह नहीं मन में कोई नित पथ पर बढ़ते जाना।
उपेक्षाओं की शर शैय्या पर गुलाब से मुस्काना।।
बूंद बूंद पीयूष जीवन का चले भेंट चढ़ाने।।

[53]

अपने जीवन को हंस हंस कर,
जिसनें भेंट चढाया।
संघर्षों में जो अडिग रहा नित,
वही सपूत कहाया।।

राजपाट को त्याग राष्ट्रहित,
कानन को स्वीकारा।
मानवता की लाज बचाकर
राक्षसों को संहारा।।
राम राज्य लाकर धरती पर,
अनोखा स्वर्ग सजाया।।

संगठना की तान सुनाकर,
वंशी मधुर बजाई।
धर्म स्थापना का शंख बजाकर,
घर घर अलख जगाई।।
अधर्मी का साम्राज्य मिटाकर
सबको सुखी बनाया।

स्वतंत्रता हित आजीवन भर,
घास रोटियां खांई।
जन–जन में बलिदान भाव की,
गंगा पुनीत बहाई।।
देश प्रेम के मतवालों ने,
मुगलों को दहलाया।।

देश प्रेम का प्राण फूंककर,
सुप्त मृगेन्द्र जगाया।
हिंदवी राज्य का शंखनाद कर,
जन–मन ज्वारा उठाया।।
नेत्र तीसरा खोल शिवा ने,
रिपु का नाम मिटाया।।

छाती को पाषाण बनाकर,
प्यारे सुत चिनवाये।
मातृ भूमि की खातिर गुरुके,
दृगों में अश्रु न आये।।
थाल सजाया शीश काटकर,
अनुपम पाठ पढाया।।

उठो लिखो अपने शोणित से,
अमर इतिहास यशस्वी।
"जगराम" को मलयागिरि से,
महका दो आज तपस्वी।।
युगों युगों तक चिर समाधि में,
जिसने ध्यान लगाया।।

[54]

जागा भारत देश समय की सुनकर तरुण पुकार।
आज पुनः अतीत वाली चमकी दिग्विजयी तलवार।।
अंगड़ाई लेकर दिनकर ने अम्बर को थर्राया।
चीर तिमिर के अंतरतम को शोणित चीर उढ़ाया।।
रजनीचर के दल बादल को क्षण में किया संहार।।
अरि की काली करतूतों की अधः समाधि लगाओ।
राष्ट्र विरोधी षडयंत्रों को तत्क्षण निर्मूल बनाओ।।
लोक शक्ति के चरणों में तब करे अरि विनम्र गुहार।।
मातृभूमि का पावन कण कण मांग रहा बलिदान।
दूर क्षितिज के पार अह फिर करे अतीत आहवान।।
हारे थके राही को करुणिम भावों से निहार।।
वसुंधरा पर पौरुष से बरसेगी सावन बदली।
परम वैभव से लद जाये राम राज्य की कदली।।
भागीरथ के घोर तप से मिट जाये दुःख अपार।।
काल चक्र लेकर निज कर में शोणित की नदी बहा दो।
मानवता के हत्यारों को श्मसान घाट सुला दो।। जागो।
"जगराम" लोक शक्ति को, हो जाओ तैयार।

[55]

अरुणोदय की नव किरणों ने केशर थाल सजाई।
सुभग सवेरा हुआ धरा पर मंगल बजी बधाई।।
अंधकार का उदर चीर प्राची में विहान मुस्काया।
अनल की मेघ गर्जना से विधु धवल गात कुम्हिलाया।।
पादप विटप के निज पंजनि उझकि विजय श्री हर्षाई।।
विहग कुलों के कलरव नें मनमोहक तान सुनाई।
मदमाते सुमनों की छटा ने मलय सुंगध लुटाई।।
मंद पवन के झोंकों ने आह्वान समीर बहाई।।
कोयल की रस भरी कुहुक नें सचराचर मन-मोहा।
क्लांत पथिक को पंकज अधरों ने आलिंगन हित जोहा।।
तृण शिखर पर ऊषा ने शोणित की बदली बरसाई।।
निर्झरणी के कल कल निनाद नें प्रणय राग अलापा।।
गिरि उपवन की संजीवनी ने हरा त्रिविधि संतापा।।
खुली अधखुली कलिकाओं पर बलि ने ली अंगड़ाई।।
सुभट भोर के अंग अंग ने प्रलय संदेश सुनाया।
महासमर का शंखनाद कर सोया सिंह जगाया।।
शोणित तिलक लगाकर, आतुर ताण्डव को तरुणाई।।
पंथ सजीला, सजग पथिक अविराम पाथेय संधान।
जीवन तरनी पतवार संवल, संभ्रम अन्ततः विधान।।
"जगराम" चपला नटि रसना की चंचल गति दुखदाई।।

[56]

विजयी पुरखों की परम्परा देखो खड़ी जगाती है।
गौरवशाली अतीत के अपराजित गीत सुनाती है।।2।।
भगवा अम्बर ओढ़ दिवाकर ने पूरब से ललकारा।
नभ में विजय पताका फहरा दूर किया सब अंधियारा।।
नव सृजना की अरुणिम बेला देखो खड़ी बुलाती है।।
दसों दिशाओं में दानवता की बदली घिर आई है।
घर घर में आतंकवाद ने अपनी जड़ें जमाई है।।
शोणित से लथपथ मानवता देखो बाट जोहती है।।
सकल जल रही वसुंधरा मानव जीवन आशंकित है।
कंकालावशेष भी मति–गति से विस्फारित भयंकपित हैं।।
निर्वस्त्र अबला की दीन दशा देखो आंसू बहाती है।।
फोड़ "जगराम" घड़ा पापी का आतंकवाद मिटा दो।।
समरांगण में अरिदल को फिर ताण्डव आज दिखा दो।।
जननि सपूतों की समाधि पर देखो दीप जलाती है।

[57]

हमें रावी बुलाती है।
व्यथा अपनी सुनाती है।।2।।

यहीं ऋषियों ने ध्यान किया।
प्रथम वेदों का गान किया।।
यहीं पर वैकुण्ठ उतरा था,
इसे नख शिख संवारा था।।
आज फिर लाज लुटती है।।

गौरव रणवल ने बढाया।
दाहिर नानक ने सजाया।।
लाखों सतियों का बलिदान।
थका अब पश्चिम में अवसान।।
वह अबला सी रोती है।।

शहीदों ने इसको सींचा।
अपनें रक्त से यह बगीचा।।
न्योछावर कर सुमन जीवन।
बनाया जग जननी पावन।।
विकट परवश बिलखाती है।।

पड़ी हाथों में हथकड़ियां।
कसी पैरों में बेड़ियां।।
टपकता शोणित घावों से।
खिसकते प्राण अभावों से।।
करुण आंसू बहाती है।।

उठो तलवार कसो कटि में।
सजाओ विश्व विजयी सपने।।
तुम्हें सौगन्ध है पुरखों की।
तुम्हीं आशायें सपनों की।।
यही "जगराम" थाती है।।

[58]

जागा भारत देश, उदय की बेला आई है।
उदय की बेला आई है ।।2।।

सुख वैभव को लात मारकर।
निज जीवन की भेंट चढाकर।।
थामी फिर तलवार,
जगी सोई तरुणाई है।।

कदम बढ़ाया सिंहनादकर।
अरिदल भागा आर्त नादकर।।
किया यम दण्ड प्रहार,
चले लेकर अंगड़ाई है।।

रण में हाहाकार मच गई।
शवों से सीमायें पट गईं।।
गूंजी करुण पुकार,
लहू की नदी बहाई है।।

विद्रोहियों का नाम मिटाकर।
भारत मां की लाज बचाकर।।
स्वयं गये बलिहार,
यही "जगराम" दुहाई है।।

[59]

तेरा वैभव अमर रहे मां यह प्रतिज्ञा हमारी है।
थाल सजाकर प्राणों से तेरी आरती उतारी है।।
रत्न जड़ित सिंहासन ऊपर महिमा मंडित जननी शोभे।
स्वर्ग लोक का मधु आकर्षण भी निरख सुमन छवि मन लोभे।।
मृगेन्द्र शीश दिग्विजयी आसन भारति! की सवारी है।।
हिम मंडित नगपति सजग प्रहरी शुभ्र कनक भाल सजाये।
लोक माताओं का अमियमय पय चंदन सा महकाये।।
सागर वसना हीर रत्नों से भारती चरण कछारी है।
उत्तर उर ममता के अश्रु नित निर्झर बन झर झर झरते हैं।
दक्षिण पथ स्वाभिमान से उन्नत धीरज से दुख हरते हैं।।
पूर्व पश्चिम तव छोर अंत सिर अनंत क्षितिज अटारी हैं।।
प्राणों से भी प्यारी लगती सावन की सी फुलवारी।
विश्व वंदिनी भारत मां के चरणों में जीवन बलिहारी।।
चंदन यश शाश्वत थाती ''जगराम'' त्याग की क्यारी है।।

[60]

कोई देश नहीं दुनिया में बढ़कर हिन्दुस्तान से।
कोई वीर नहीं दुनिया में बढ़कर हिन्दू जवान से।।
जिसने अपने पौरुष से धरती पर स्वर्ग उतारा।
जिसने जीवन भेंट चढ़ाकर मां का भाल संवारा।।
कोई मान नहीं दुनियां में, बढ़कर स्वाभिमान से।।
जिसके कारण क्रूर हलाहल पीना भी स्वीकारा।
जिसके चरणों में जीवन का सारा सुख बलिहारा।।
कोई प्रचण्ड नहीं दुनिया में बढ़कर विवस्वान से।।
जिसकी महिमा देवों ने गा जीवन सफल बनाया।
जिसके आंचल में आश्रय ले तन मन मैल बहाया।।
कोई प्रमाण नहीं दुनिया में बढ़कर ''जगराम'' से।।

[61]

वीर प्रसूता भारत मां की सपूत संतानें हैं।
युग जननी के स्वप्नों की आशा के चिर ठिकाने हैं।।
इसके कारण वन वन भटके घास रोटियां खाई।
प्राणों की भी न चिंता कर जीवन की भेंट चढ़ाई।
आत्महवन की वेदी पर गूंजे विजय तराने हैं।।
शोणित की ही बूंदों से पूजा की थाल सजाई।
भगवा बाना धारण कर जन जन उर अलख जगाई।
सावन के आनंदित आंसू उदधि उदर समाने हैं।।
स्वारथ में अंधों ने गाढ़े में डोर पतंग की छोड़ी।
उदधि बांह में आलिंगन को आतुर सुरसरि छेड़ीं।
जो सुत पाले काग ने ''जगराम'' वसंत विराने हैं।

[62]

प्राणों से भी प्यारी लगती अपनी भारत माता।
शस्य श्यामला सुजला सुफला जगत की भाग्यविधाता।।
इसके आंचल में मानव ने अपनी आँखे खोली।
अखण्डित आशीषों से अपनी भर ली खाली झोली।
ममता के क्षीर पान से दुखियों का दुख मिट जाता।
इसकी विजय पताका जग में नगपति बनकर फहरी।
इसके जयगानों की जलधि तरंगों की लय गहरी।
बाहों का संवल नीर तीर उर में धीर बंधाता।
इसकी गोद पाने को देवता भी जन्मभर तपते।
जन्म मिल जाये एक बार बस यही मंत्र नित जपते।
शीश झुकाये चरणों में कर जोरि स्वर्ग गुण गाता।
जग कल्यायिणि शुभ वरदायिनि विपुल वैभव का भंडार।
त्रय ताप हारिनि शरणागत तारिनि पतित का उद्धार।
यावद् चंद्र दिवाकर नभ में अमिट "जगराम" का नाता।।

[63]

कोटि कोटि कंठो में गुंजित मधुर मधुर जय गान की।
तेरा वैभव अमर रहे माँ चाह एक बलिदान की।।
प्राण हथेली पर लेकर के चले वीर व्रत वाले।
उर संकल्प, न मन विकल्प तन बेसुध व्रत अडिग संभाले।
जगजननी हो भारत माता यही आश उत्थान की।।
अगणित बार पराजित होकर जो फिर से फुसकारे।
गला घोंट दो अवश्य चाहे वंदेमातरम उच्चारे।
अत्याचारी के शासन में रवि की विनय विहान की।।
सीमाओं पर फिर जौहर की होलिका पुनः जला दो।
विस्मृति सिंह शावक को अपना पौरूष स्मरण करा दो।
धरती अंबर वाट जोहते सागर में तूफान की।।
विश्व वंदिनी भारत माँ की सेवा का व्रत ठाना।
जीवन दीप जलाने वाला ऐसा अंतर बाना।
निर्भय हो "जगराम" चलो आयी घड़ी स्वाभिमान की।।

[64]

विपदाओं के कंटक वन में सुमनों सी मुस्कान हूँ।
मान और अपमानों में शिव शंकर के समान हूँ।।
मैत्री सुख और करुणा दुख मन मुदिता में उछाहें।
निपट कलंकी जगत सशंकी उपेक्षा विमुख दुराहें।
तम में घन ज्योति में पुञ्ज चपल जीवन में प्राण हूँ।।
निर्मल मन निष्ठुर तन उर ध्येय व्रती अविचल पथ राही।
लक्ष्य बिना बेचैन धीर तज उर ठौर न मलय चाही।
पथ विराम पल न अडिग मन प्रचण्ड तूफानी तान हूँ।।
उत्तुंग शिख से अपमानित निर्झर पगतल मन आह्लादित।
पंकज पंक नीड़ विस्मृति भोर उडगन से मन आच्छादित।
शूलों-कूलो में चिर विस्मृति वेगवती लय तान हूँ।।
छप-छप जलधि तरंगों का स्वर तीर क्लांत नैराश्य मन।
धीरज तज मद रथ चढ़ उफन उफन नभ पावस पा-धन।
पागल घायल क्षुधित मुदित विकट भंवर विमुक्त गान हूँ।।
नित नूतन चिर पुरातन धूप छांव वसन जलद विकल।
अलख धवल अखण्ड सवल तनपीत अभीर विधिगति प्रवल।
राग भाग लय जाग निरस उर "जगराम" तत्व ज्ञान हूँ।।

[65]

माँ तेरी पावन पूजा में जीवन सुमन समर्पित है।
आत्म हवन की बलिवेदी पर तन–मन–धन सब अर्पित है।।
हिमखण्ड निर्भीक सरल मन उर राग रहित परहित गलता।
बज्र सदृश तन द्रवित तरल बन पंक तट धवल तज फलता।
निश्छल निर्मल प्रस्तर सा बल विगत टुकुर मुकुर में दर्पित है।।
विहग, विपिन वट, तरनि तरुण तट अनल तन जीवन दूभर।
विकट विकल मन तरसि तरल घनपुर कंपित साकुल गूलर।
झलक एक अधीर टेक जलज पुर अलि शोक तरि सर्पित है।
उन्नत स्वासें गर्त उसासें संभ्रमतीर निस्तेज मूक व्रत।
दिवस विवस पथ तिमिर विवर घट छोह उपरि सिर निडर घ्रत।
सुमन सिद्धि ध्येय अटल "जगराम" सजल अभिलाषु तर्पित है।।

[66]

देवभूमि को अर्पित कर जीवन की भोर तरुणाई।
जागो देखो पूरब में दिनकर ने ली अंगड़ाई।।
ऊषा के मधुमय अट्टहासों से रजनी विकट सकुचाई।
पीत वदन अलसाये नयनों की बदली वरसाई।
प्रस्तार उर हिम शैल निर्झर के उदर विवस समाई।।
निर्जन गलियारों में जग ने दिगंत दहाड़ लगाई।
वसुंधरा ने मांग तुहिन की बूंदों से भरवाई।
सोम कलश कटितट धर अधरों से होलिका जलाई।।
नभ से भी ऊँची उड़ान भर मन त्यागी लघुताई।
अतीत की अविचल लहरों की कर थाती प्रभुताई।
व्यथित जननि की चिंतापर "जगराम" जगत को दुहाई।।

[67]

शपथ तुम्हें है भारत माता की शत्रु को संहारो।
केशरिया बाना धारण कर सीमा पर ललकारो।।
कर में चक्र सुदर्शन लेकर चलो समर को बनवारी।
अरि को उसके ही घर में शीश कुचल दो व्रतधारी।
काल यवन को छल-बल से पट खोल मुचकुंद निहारो।।
अटल प्रतिज्ञा कर रणभूमि को चलो वीर मतवालो।
घर में छिपे हुए गद्दारों को अब सब ढूंढ निकालो।
नेत्र तीसरा खोलो पुनः प्रलयंकर रूप संवारो।।
पछुआ झंझावातों से सावन की आशा रोई।
वासंती की रसिक बहारें पतझड़ आंगन खोई।
कंपित-शंकित-कुंठित-कुत्सित वाणों को गात प्रहारो।।
अकुलाहट मन घबराहट उर व्यथित उर ने पुकारा।
अंधियारे में ज्योति किरण का उसको एक सहारा।
जोर जतन से मिला नर तन "जगराम" हंस हंस वारो।।

[68]

वंशी फेंक उठा लो आज अपने कर में चक्र सुदर्शन।
अभिमान चूर करनें के लिए धारण कर नख गोवर्धन।।
अहंकार जब हुआ सुरपति को इंद्रासन पद पाकर।
प्रचण्ड कोप कर प्रलय रूप में प्रभुता के मद आकर।
खेल खेल में अभिमानी का क्षण किया हृदय परिवर्तन।।
रिपु के केश पकड़ छाती पर चढ़, माँ का कर्ज चुकाया।
भोली भाली मानवता को सिंहासन पर बैठाया।
साम्राज्यवाद की जड़ उखाड़ने के लिए शक्ति प्रदर्शन।
छल-बल से रिपु का सिर कुचलकर सबको धीर बंधाया।
निर्बलता को दूर भगा सबको मन से सवल बनाया।
धर्मनीति है यही वास्तविक दिया जग को नव आकर्षण।।
कर्म योग का पाठ पढ़ा जग को कर्त्तव्य मार्ग दिखलाया।
अत्याचार को सहना भी कायरता है यह पढ़ाया।
गीता और चक्र सुदर्शन लेकर "जगराम" किया दिग्दर्शन।।

[69]

मातृभूमि की गौरव गाथा,
कभी न हम मिटनें देंगे।
शपथ राम की विजय ध्वजा को,
कभी न हम झुकनें देंगे।।

इसके हित ऋषियों मुनियों ने,
दान अस्थियां तक कर दी।
इसके चरणों में जीवन की,
नवल खुशियाँ अर्पित करदी।
हम भी त्याग तपस्या द्वारा,
इसको पावन कर देंगे।।

इसके हित वीर सपूतों ने,
शोणित की नदी बहाई।
हंसते हंसते समरांगण में,
न्योछावर की तरुणाई।
हम भी अपनी सारी खुशियाँ,
इसके घर में भर देंगे।।

जब जब बिपदा आये इसपर,
निज बलिदान करो हंसके।
कभी न पीठ दिखाओ रण में,
दुश्मन को उत्तर दो डट के।
"जगराम" पुनः माँ भारती के,
उर में खुशियाँ भर देंगे।।

[70]

अपना प्यारा देश हमारा,
स्वर्ग लोक से भी पावन।
सबसे सुंदर देश हमारा,
अक्षय वैभव का आंगन।।

जिसका ऊँचा भाल हिमालय,
नभ को भी लज्जित करता।
अमल-धवल शशि के स्पंदन,
को भी जो मूर्च्छित करता।
अमोघ शीतल देश हमारा,
सकल जगत का मन भावन।।

जिसके तीरथ धाम सनातन,
दैवत्व का पाठ पढ़ाये।
मानवता की चिर गंगा को,
जन-जन के हृदय बहाये।।
अजर संजीवन देश हमारा,
जैसे पावस का सावन।।

इसकी जैसी पावन धरती,
अन्यत्र कहीं न हो सकती।
इसकी जैसी अमिट कहानी,
और कोई न हो सकती।
"जगराम" अमर देश हमारा,
जैसा नंदन वन कानन।।

[71]

जागो प्यारो आज बता दो,
पौरुष अपना दुश्मन को।
प्रलयंकारी रूप दिखा दो,
सीमाओं पर रावण को।।

कायर समझ कर दुश्मन फिर से,
सीमाओं पर चढ़ आया।
निर्बल समझकर दल-बल लेकर,
इन्द्रजीत बन कर आया।
तलवारों की चमक दिखा दो,
फिर से धूर्त शैतान को।।

ऐसे बैठे रहे अगर जो,
फिर न मौत मर पाओगे।
जीवन-भर दुश्मन की लातों,
से ठुकराये जाओगे।
स्वाभिमान से जीना चाहो,
तो मारो बेइमान को।।

अपनी रक्षा स्वयं जो करता,
वही मोक्ष का अधिकारी।
उसी का जीवन धन्य जगत में,
जिसका जीवन बलिहारी।
"जगराम" उठो हुआ सवेरा,
सुनो, समय आह्वान को।।

[72]

जीवन का आदर्श यहीं पर,
सबसे पहले आया।
सृष्टि का शाश्वत सत्य यहीं पर,
सबसे पहले आया।।

हरिश्चन्द्र ने आदर्शों के हित,
की मरघट की रखवारी।
राघव नें आदर्शों के हित,
खोई सीता प्यारी।
कांटों की शय्या वाला ही,
जीवन जीना आया।।

पांडवों ने आदर्शों हित,
स्वयं कानन स्वीकारा।
माधव ने आदर्शों के हित,
महासमर रचि डारा
धर्म स्थापना के हित रण में,
पाच्चजन्य बजाया।

दसों भुजाओं वाला धरम,
परम स्वतंत्र हो खेला।
त्याग-तपस्या और प्रेम का,
सोम जहाँ पर मेला।
“जगराम” स्वयं प्रभु ने आकर,
माँ का मान बढ़ाया।।

[73]

भगवाध्वज यह गौरव वाला,
फहर-फहर फहरेगा।
अपनी अरुण ज्योति से नभ में,
ध्रुव बनकर चमकेगा।।

उसका रुप अनूप अलौकिक,
दिव्य यज्ञ की ज्वाला सा।
इसका अक्षय जाज्वल्यमान यश,
नव सुरभित माला सा।
इसके तेजस्वी प्रकाश से,
अंबर-महि महकेगा।।

यही जगती का धर्म सनातन,
चिर संस्कृति की पहिचान।
यही आदि इतिहास पुरातन,
प्रकृति का क्रमिक उत्थान।
इसके आंचल में जीवन का,
सच्चा मार्ग दिखेगा।।

यही प्रमाण उत्थान-पतन का,
मानवता का द्योतक।
यही ब्रह्मास्त्र रिपुदलन का,
सत्य युग-धर्म का पोषक।
नव आशाओं का आसमान,
बन “जगराम” रहेगा।।

[74]

चंदा सूरज करे आरती,
जिसकी सांझ सवेरे।
ऐसा भारत देश हमारा,
स्वर्णिम ज्योति बिखेरे।।

जिसनें वसुंधरा पर सबसे,
पहले आँखें खोली।
जिसनें पहली अंगड़ाई ले,
भरी प्रकृति की झोली।
ऐसा प्यारा देश पुरातन,
जैसे दीप अंधेरे।।

जिसने जीवन जीना सबसे
प्रथम जग को सिखाया।
जिसने अपने तत्व ज्ञान से
पशु को मनुज बनाया।।
ऐसा प्यारा देश चिरन्तन
जैसे मेघ घनेरे।।

देवभूमि यह, त्याग भूमि यह,
मातृभूमि यह प्यारी।
ज्ञान भूमि यह वीरभूमि यह,
नीति भूमि यह न्यारी।
धर्म-कर्म की यह भूमि अलौकिक,
"जगराम" अंत बसेरे।।

[75]

सबसे न्यारा जग का तारा,
भारत देश हमारा।
प्रकृति रानी नें हंस हंस कर,
इसका रूप संवारा।।

इसका माथा नभ से ऊँचा,
स्वाभिमान भी हारा।
इसके स्वर्णिम मुकुट भाल पर,
स्वर्ग-लोक बलिहारा।
इसकी अजेय विजय ध्वजा ने
दानवत्व को संहारा।।

इसका कण-कण तीरथ मंदिर,
धवल अलौकिक आभा।
इसके पग-पग पर यश गौरव,
बनता पावन शोभा।
इसकी महिमा जग अजर अमर,
सत्य जग ने स्वीकारा।।

इसके चरणों में नत मस्तक,
सारा जड़ चेतन है।
इसके सन्मुख स्वयं काल बनने
को ईश्वर बेवस है।
बार-बार हो जन्म इसी पर,
"जगराम" ने उच्चारा।।

[76]

कोटि-कोटि वीरों ने इस पर,
अपना जीवन बलि हारा।
सोने की लंका ठुकराकर,
पथ कंटक स्वीकारा।।

समर भूमि में जिसनें अपनी,
पीठ कदापि न फेरी।
लड़ते लड़ते जिसे कभी भी,
मौत सभीत न घेरी।
राष्ट्र हवन की बलिवेदी पर,
हंस हंस जीवन वारा।।

जीवन की कोई चाह नहीं,
जिसनें यह संकल्प किया।
स्वांसों में केवल राष्ट्रदेव,
जिसने अटल लक्ष्य लिया।
भारत माता की चिर गोदी,
ही एकमेव सहारा।।

मातृभूमि ही अंतिम आशा,
जिसने ऐसा माना।
मातृभूमि हित जीवन स्वांसा,
जिसनें ऐसा ठाना।
यही सत्य और यही सनातन,
नित "जगराम" विचारा।।

[77]

अपना प्यारा देश हमें तो,
प्राणों से भी प्यारा।
इसके लिये लगाया हमनें,
जीवन अपना सारा।।

इसकी सेवा को ही हमनें,
अपना वैभव माना।
राष्ट्र–कार्य को ही हमनें तो,
अपना सर्वस्व जाना।
भारती के चरणों में अर्पित,
जीवन सुमन हमारा।।

इसके चरणों में निज जीवन,
की नव भेंट चढ़ाई।
हंसते हंसते राष्ट्र देव को,
अपनी बांह गहाई।
इसका ही यश वैभव अपना,
सर्वस्व प्राण सहारा।।

इसकी मनहारी शशि–छवि को,
उर में पुलक बसाया।
इसकी पावन गौरव गाथा,
को निज ध्येय बनाया।
भारत माँ की पावन गोदी,
"जगराम" को किनारा।।

[78]

हम भारत माँ की संतानें,
माँ की लाज बचायेंगे।
अपनी सारी जीवन खुशियाँ,
हंस हंस भेंट चढायेंगे।।

जिसनें हंस हंस पाला पोषा,
उसका मान बढ़ायेंगे।
जिसनें विपदाओं में सींचा,
उसको स्वर्ग बनायेंगे।
हम पर बहुत है जननि का ऋण,
उसको सहर्ष चुकायेंगे।।

जिसनें अपना सर्वस्व देकर,
हमको जग समर्थ बनाया।
जिसनें अपना शोणित देकर,
हमको ऋतुराज बनाया।
विश्व वंदिनी अपनी जननी को,
उर में सदा बसायेंगे।।

प्राणों से भी प्यारी अपनी,
जगती में भारत माता।
कोटिक स्वर्ग से भी अति पावन,
अपनी दिव्य भारत माता।
"जगराम" उर के सिंहासन पर,
भारती को बिठायेंगे।

[79]

शाश्वत स्वतंत्रता का दीपक,
जो अब तक जलता आया।
कोटि–कोटि बलिदानों से जो,
आज तक न बुझने पाया।

इसके हित में अपने जीवन,
का सर्वस्व आत्महवन किया।
इसके हित में हंसते हंसते,
कूट हलाहल पान किया।
जीवन की अन्तिम स्वांसा तक,
अविरत यशोगान गाया।।

इसकी विजय पताका हमने,
गगन शिखा पर फहराई।
इसकी गौरव गाथा हमनें,
प्राणार्पण से नित गाई।
इसके बिना न जीवन जग में,
पल भर भी मन को भाया।।

यही स्वांस है यही आश है,
यही प्रतीक्षा जीवन की।
यही नव कल्पनाओं का अंबर,
यह परीक्षा सावन की।
“जगराम” ध्येय की यही किरण,
बस यही सनातन साया।।

[80]

यह देश है हमारा,
इसके लिये जियेंगे।
यह प्राण है हमारा,
इसके लिए मरेंगे।।

इससे न और बढ़कर,
कोई भी हमारा।
इससे न और अंतिम,
जीवन का सहारा।
सांझ और सवेरे,
नित वंदना करेंगे।।

यही प्रकाश हृदय में,
यही अखण्ड व्रत में।
यही उछाह चाह में,
यही सुदीप पथ में।
इसके लिए जीवन की,
नव रचना करेंगे।।

जीवन सुमन चढ़ाकर,
नित अर्चना करेंगे।
जीवन दीप जलाकर,
आराधन करेंगे।
"जगराम" राष्ट्र यज्ञ की,
दिव्य आहुति बनेंगे।।

[81]

इस धरती पर जन्म लिया है,
यह सौभाग्य हमारा है।
बार–बार इस पर ही जन्मूं,
यह ही ध्येय हमारा है।।

एक जन्म क्या सौ जन्मों तक,
की उर बस यही याचना।
जिस भी योनि में जन्म मिले, बस
भारत की प्रवल चाहना।।
बार–बार हो जन्म इसी पर,
उर ने यही पुकारा है।।

मोक्ष दायिनी भारत माँ,
की गोदी प्यारी–प्यारी।
माँ के आशीषों का आंचल,
तीन लोक में मन–हारी।
चाह यही "जगराम" हृदय बस,
केवल यही सहारा है।।

इसकी गोदी को पाने को,
सुर भी स्वयं ही ललचाते।
एक बार ही हो जाये जन्म जो,
सदा आश यही लगाते।
शस्य–श्यामला–सुजला–सुफला,
भारत देश हमारा है।।

[82]

हम भारत के बच्चे बच्चे को,
फिर से आज जगायेंगे।
अपने खोये हुए अतीत का,
उनकों स्मरण करायेंगे।।

भारत ने ही नरसिंह बनकर,
हिरण्यकश्यप को मारा था।
भारत ने ही वामन बनकर,
असुर बली संहारा था।
राम-श्याम बनकर के फिर से,
स्वर्ग भारत में लायेंगे।।

भारत ने ही ऋषिमुनि बनकर,
ज्ञान का दीप जलाया।
भारत ने ही समर वीर बन,
असुरों को मार भगाया।
राष्ट्र यज्ञ में आत्महवन कर,
चिर समृद्धि-शान्ति लायेंगे।।

सौगन्ध राम की लेकर के,
हम चले वीर मतवाले।
हर कोने के अंधकार को,
चले मिटाने व्रत वाले।
"जगराम" स्वयं ही राष्ट्र-यज्ञ में,
जीवन भेंट चढ़ायेंगे।।

[83]

केसरिया बाना धारणकर,
रण में बिगुल बजाया।
तलवारें लेकर हाथों में,
ताण्डव प्रलय मचाया।।

प्राण हथेली पर लेकर के,
चले समर के प्यासे।
किंचित हृदय न मोह प्राणों का,
सब आहुति हित स्वांसें।।
महाप्रलय का शंखनाद कर,
अरिदल को दहलाया।।

राष्ट्र देवता के ही सुख को,
जिसनें निज सुख माना।
उसकी हर एक लघु विपदा पर,
जिसका व्रत वलि जाना।
जीवन के तूफानों में भी,
जिसने नित गुण गाया।।

भारत का वैभव अमर रहे,
चाह यही उर केवल।
चिर राष्ट्र साधना अमर रहे,
आश यही उर केवल।
"जगराम" जननि के चरणों में,
भेंट चढानें आया।

[84]

कण-कण मंदिर मातृभूमि का,
कण-कण तीर्थ-धाम है।
कण-कण चंदन मातृभूमि का,
कण-कण स्वर्ग समान है।।

इसकी महिमा सबसे न्यारी,
स्वयं देवों ने गाई।
इसकी गरिमा सबसे उज्ज्वल,
त्रय लोकों में छाई।
कण-कण पावन मातृभूमि का,
कण-कण इंदु समान है।।

इसकी गोदी अक्षय आनंद,
जैसे चंचल सावन।
इसकी साया इतनी शीतल,
जैसे हिम का आंगन।
कण-कण आश्रय मातृभूमि का,
कण-कण अर्घ्य समान है।।

इसके चरणों में सारा जग,
अपना शीश झुकाता।
इसकी पूजा में जीवन की,
"जगराम" हुति चढ़ाता।
कण-कण नंदन मातृभूमि का,
कण-कण यज्ञ समान है।।

[85]

हम सब तेरे प्यारे बच्चे,
बलि जाने को आतुर हैं
अरिदल की छाती का शोणित,
पीने को अति व्याकुल है।।

जिसनें भी हाथ उठाया, हम
इसकी भुजा उखाड़ेंगे।
जिसने भी कदम बढाया, हम
उसकी टांगे तोड़ेंगे।।
अरि का पूर्ण दमन करनें को,
हम विकल और आकुल हैं।।

जिसनें भी कुदृष्टि उठायी, हम
उसकी आँखें फोड़ेंगे।
जिसनें भी अपमान किया, हम
उसकी रसना काटेंगे।
पापी के पापों का अंत, हम
करने को अति आतुर हैं।।

जग जननी की लाज बचाने,
चलो कमर कस रणवीरों।
देखो जननी बाट हेरती,
अब करो न देरी वीरों।
"जगराम" जीवन की हर स्वांस,
आत्महवन को आतुर है।।

[86]

हम उन वीरों की संतानें,
जिन्होनें सर्वस्व दान किया।
हम उन ऋषियों की संतानें,
जिन्होनें जग कल्याण किया।।

कष्ट कंटकों पर चल करके हम,
सदा जीवनभर मुस्काये।
भारती के चरणों में हमनें,
निज जीवन दीप जलाये।
हम उन देवों की संतानें,
जिन्होनें विष पान किया।।

परहित में हिम सा गल गलकर,
तन-मन को दीप बनाया।
राष्ट्र यज्ञ में आत्महवन कर,
तन चंदन सा महकाया।
हम राम-श्याम की संतानें,
जिन्होनें धर्मोत्थान किया।।

हमनें अंगारों पर चलकर,
अविजित इतिहास बनाया।
राष्ट्र-कार्य हित तिल-तिल जलकर,
भारत को स्वर्ग बनाया।
"जगराम" हम उनकी संतानें,
जिन्होनें राष्ट्रोद्धार किया।।

[87]

कोटि-कोटि कण्ठ की पुकार एक है।
विविधता में एकता प्राण एक है।।
कहीं तो नभ शिखर, कहीं सिंधु सुतल।
कहीं तो भीम गिरि, कहीं लघु उपल।
अवतल-उत्तल का सुविहान एक है।।
भेद की भीति हर गाँव में खड़ी।
अंधविश्वास की पट्टी नयनों बंधी।
निशा-ऊषा के प्रकाश पुंज एक हैं।।
भक्ति-शक्ति-युक्ति की पद्धति स्वयं विलक्षण।
रीति नीति संस्कृति की लय पथ क्रमण।
वियोग संयोग के तार एक हैं।।
रूप-रंग-भाव-भाषा, पृथक-पृथक।
"जगराम" सुघड़ नव पात बिन फलक।
विविध गात अपितु आत्मतत्व एक है।।

[88]

जब भारत का बच्चा बच्चा,
कर तलवार उठायेगा।
तब अरिदल का क्षणभर में ही,
पूर्ण नाश हो जायेगा।।

पूर्व में रवि ने अंगड़ाई,
भर करके शंखनाद किया।
अंधकार का उदर फाड़कर,
महातेज का वरण किया।
प्रचंड तरुण बन जब चमकेगा,
तब राम राज्य आयेगा।।

वसंती आंगन में जब पतझड़,
के कंटक घन छायेंगे।
तरल गीष्म के अनल झकोरे,
सावन को झुलसायेंगे।
उमड़ घुमड़ जब सावन बरसे,
स्वर्ग स्वयं ही आ जायेगा।।

हम भी उठें गरज कर जग में,
राष्ट्र द्रोहियों को दहला दें।
मातृभूमि को करें अखंडित,
यह जगती को दिखला दें।
"जगराम" त्याग तपस्या से ही,
अतुलित वैभव आयेगा।।

[89]

'धीर' धरो हे वसुंधरे माँ,
हमनें गांडीव उठाया।
धर्म क्षेत्र की रणभूमि में,
हमने पांचजन्य बजाया।

जिसने अपमान किया नारी,
का, उसका वक्ष फाडेंगे।
छाती का शोणित नारी के,
ही खुले केश बांधेंगे।
जिस जिसने देखा आँखों से,
उस उसका समूल मिटाया।।

जिसनें बालों, अबलाओं,
का निर्मम कत्लेआम किया।
जिसनें हत्या आगजनी,
की उसको मृत्यु दण्ड दिया।
जिस जिसनें घिनौने कुकृत्य किए,
उसका कुलदीप बुझाया।।

उठो पार्थ! गांडीव उठाओ,
करो समर की तैयारी।
अधर्मियों का कुलदीपक बुझा,
कर चलो वीरव्रत धारी।
"जगराम" धर्म निहार रहा पंथ,
माँ भारती ने बुलाया।।

[90]

बलि दानों का ढेर लगाकर,
जगती को चौकायेंगे।
मातृभूमि की खातिर रण में,
महाकाल बन जायेंगे।।

अपने अतुलित बल पौरुष को,
अरिदल को दिखला देंगे।
समरांगण में मार–मार कर,
नभ तक ढेर लगा देंगे।
जीवित शेष न बचने पायें
ऐसी प्रलय मचायेंगे।।

प्रलयंकर बनकर क्षणभर में,
रिपु का नाम मिटा देंगे।
स्वर्ग लोक की जगह पापी को,
अधम लोक पहुंचा देंगे।
आक्रांता को धूल चटा कर,
घर से मार भगायेंगे।।

कमर कसो तलवार पुरानी,
घड़ी परीक्षा की आयी।
नेत्र तीसरा खोलो शिव,
भारत माँ द्वारे आयी।
"जगराम" तुम्हारे जगने से
दुश्मन निर्वल हो जायेंगे।।

[91]

राणा की संतानों, जागो,
सीमा पर संकट आया।
भेष बदल कर पापी रावण,
देखो घर में घुस आया।।

अब जो अवसर चूक गये तो,
फिर वन–वन में भटकोगे।
फिर से घास रोटियों पर ही,
जीवन नरक बिताओगे।
इसी के हित उज्जवल अतीत ने,
निज पावन रुधिर बहाया।।

समय नहीं है अब सोने का,
अब वलि की बेला आई।
प्राण हथेली पर लेकर के,
आहुति, अपनी तरुणाई।
इतिहास उसी को गाता नित,
जिसको बलि जाना भाया।।

छल–बल दिखलाने वालों का,
डट कर के प्रतिकार करो।
साम्राज्यवाद की कारा से,
माँ भरती को मुक्त करो।
“जगराम” प्रतीक्षा में रवि ने,
स्वागत का थाल सजाया।।

[92]

इसी जगत् जननी के कारण,
हरि ने कई अवतार लिये।
राष्ट्र धर्म की संस्थापनाहित,
अपमानों में सदा जिये।

पितु की आज्ञा मान अवधेस,
चले राम बन वनवासी।
सोने सा वैभव ठुकरा कर,
चले अयोध्या के सुखरासी।
राजा होकर जिसको मन में,
भिक्षुक बनना मन भाये।।

साम्राज्यवाद की कारा में,
जिसनें निज जन्म लिया था।
जिसे न माता की गोदी का,
पलभर भी स्नेह मिला था।
पग-पग पर अपमान सहे पर,
भारती! के कल्याण किये।।

स्वयं घोर संकटों में जीकर,
भारत की लाज बचाई।
अगणित वीर सपूतों ने निज,
जीवन की भेंट चढ़ाई।
"जगराम" घोर अपमानों में,
जो जलकर सदा मुस्काये।।

[93]

हम भारत की तरूणाई हैं,
हम भारत का सम्मान हैं।
हम भारत की अंगड़ाई हैं,
हम भारत का उत्थान हैं।।

भारत माँ के हर बेटे का,
यही एकमेव सपना है।
ध्रुव तारे सा अटल सहारा,
यही हृदय का गहना है।
हम भारत का शाश्वत गौरव,
हम भारत का विहान हैं।।

इसके हित रण में कोटि कोटि,
वीरों ने प्राण गंवाये।
इसकी लाज न जाने पाये,
यही उर संकल्प सजाये।
हम भारत का पावन अतीत,
हम भारत का कल्याण हैं।।

अपनें प्राणों से भी प्यारा,
यह भारत देश हमारा।
इसके सुख में ही सुख अपना,
यह अटल विश्वास हमारा।
हम भारत का स्वर्णिम इतिहास,
हम भारत का प्रमाण हैं।।

[94]

अगर देश के काम न आये,
तो बेकार जवानी।
जीना-मरना शाश्वत जग में,
यह अटल सत्य कहानी।।

इसकी पुण्य गोदी का जिसनें,
मधुर अमृत पान किया।
इसके ममता मयि आँचल में,
जिसनें रवि स्थान लिया।
यही पुरखों की पुण्य धरोहर,
जिसके हृदय समानी।।

जिस जिसने इसकी स्वांसों को,
अपनी स्वांसे समझी।
जिस जिसनें इसकी विपदा को,
अपनी विपदा समझी।
धन्य उसी का जीवन जग में,
वही चिर स्वाभिमानी।।

सूरज बनना यदि चाहो तो,
चमको महा-प्रलय बन।
चंदन बनना यदि चाहो तो,
महको सदा-मलय बन।
"जगराम" वही इतिहास पुरुष,
जिसने दी बलिदानी।।

[95]

भारत माँ की लाज बचाना,
हर भारतीय का धर्म है।
भारत माँ का मान बढाना,
हर भारतीय का कर्म है।।

इसके बिना जगत में जीवन,
जैसे नीर बिना सावन।
मृतक समान जगत इसके बिन,
जैसे काया बिन जीवन।
भारत माँ तो आदि स्वरूपा,
यही अटल सत्य का मर्म है।।

इसकी अमिय कृपा से ही तो,
सारी जगती आलोकित।
इसके ममतामयि आंचल से,
चर–अचर–मन अक्षय ज्योतित।
भारत माँ का सदा निश्छल भक्ति,
यही गीता का अकर्म है।।

यही तो विश्व बंदिनी जननी,
यही तो शिवा–माता है।
यही तो सुख–दुख में संगिनी,
यही तो अक्षय दाता है।
भारत माता की सेवा ही,
"जगराम" चिर राष्ट्र धर्म है।।

[96]

देखों रवि ने शंखनाद किया,
क्यों? व्यर्थ निराश मन होते हो।
ललकार रही सारी जगती,
क्यों? पैर पसारे सोते हो।।

हम उन पुरखों की संतानें,
जिन्होनें यम को परास्त किया।
अपने वल पौरुष से जगती,
से अरि अंधियारा दूर किया।
देखो गौरवशाली अतीत,
को क्यों? कायर बन रोते हो।।

देखो तीर खड़ा दिनकर जो,
भेंट में प्रचण्ड तेज लाया।
देखो ऊषा ने स्वागत में,
पूजा का थाल सजाया।
एक बार पट खोल तो देखो,
क्यों? मिथ्या स्वप्नों में खोते हो।।

तेरी एक अंगड़ाई भर से,
क्षण घोर तिमिर छिप जायेगा।
अरिदल उडगन से हो मलीन,
नूतन बिहान हो जायेगा।
"जगराम" उठाओ चक्र सुदर्सन,
क्यों? व्यर्थ अतीत को धोते हो।।

[97]

बढ़ो सपूतो धर्म समर में,
पौरुष नें धिक्कारा।
देखो सन्मुख अरि की सेना,
दुश्मन ने ललकारा।।

कोई नहीं सगा यहाँ पर,
पार्थ! शत्रु हैं सारे।
किसके लिए बहाता आँसू,
सब जलते अंगारे।
व्यर्थ मोह को त्याग धनंजय,
उठो! जगत सहारा।।

समय न खोओ मध्य समर में,
कर्त्तव्य को पहिचानों
शीघ्र समर प्रारम्भ करो अब,
व्यर्थ का हठ न ठानो।
अधर्मियों का वंश मिटा दो,
मित्र! धर्म ने पुकारा।।

शंखनाद कर उठो! धनुर्धर!,
गांडीव संभालो।
अरिदल काट खलिहान करो,
यही व्रत उर पालो।
"जगराम" उठो रण कर्मवीर!,
भारति! ने गुहारा।।

[98]

तुम भी ऊँचे उठ सकते हो,
पा सकते नभ के तारे।
तुम भी विजयी हो सकते हो,
दृढ़ इच्छा–शक्ति के सहारे।।

जिसने कदम बढ़ाया पथ में,
सदा सफलता मिली उसे।
जिसनें कर्त्तव्य निभाया हंस के,
सदा अमरता मिली उसे।
तुम भी अमरत्व पा सकते हो,
अटल साधना से प्यारे।

सुगंध बिखेरता वही पुष्प जग,
जो स्वयं भोर नित खिलता।
जीवन सफल उसी का है जग,
जो स्वयं मूक हो चलता।
तुम भी पावन हो सकते हो,
जैसे गंगा के किनारे।।

तुम तो स्वयं हो त्याग तपस्या,
व्यर्थ में निराश होते हो।
तुम तो स्वयं हो कर्म साधना,
व्यर्थ में स्वआश खोते हो।
"जगराम" तिमिर हर सकते हो,
बनकर दिनकर अंगारे।।

[99]

हमको डिगा न पाया कोई,
निष्काम कर्म के व्रत से।
हमको हटा न पाया कोई,
अटल ध्येय के पथ से।।

हम तो तपस्वियों की संतानें,
परहित में तन अर्पित।
आजीवन भर तिलतिल जलने,
वाला दीपक गर्वित।
हमको बुझा न पाया कोई,
सतत ज्योतित् लय से।।

हम कर्मयोगियों की संतानें,
कर्म पंथ पर अविचल।
कर्म ही पूजा अटल साधना,
सजल स्वप्न हृदय निर्मल।
हमको डरा न पाया कोई,
कंटकमय पर्वत से।।

तूफानों मे भी अविरत जल,
तिमिर दूर भगाओ।
जग तारिणि सुरसरि की धारा,
भगीरथ बन लाओ।
“जगराम” तभी हो धन्य जन्म जग,
जब स्नेह भारत से।।

[100]

उठो चुनौती को स्वीकारो,
यही प्रभु की इच्छा है।
देखो सीमाओं पर जननी,
कर रही प्रतीक्षा है।

माँ की लाज न जाने पाये,
चाहे जो हो जाये।
विजयी ध्वजा न झुकने पाये,
चाहे सब लुट जाये।
जगो! संकट की घोर घड़ी में,
आज तब परीक्षा है।।

सीमाओं पर फिर से रिपुवर,
भुजंग बन फुसकारे।
एक बार तो देखो जागकर,
पौरुष को ललकारे।
अस्त्र-शस्त्र लेकर चलो समर को,
यही जननि दीक्षा है।।

करो न देर घरी भर की अब,
पहनो केसरिया बाना।
पुनः प्रचण्ड पौरुष दिखला दो,
क्षण भागे तिमिर घना।
"जगराम" बढ़ो उर साहस भर,
यही अतीत शिक्षा है।

[101]

आज दिखा दो फिर दुश्मन को,
अपने पुरखों की तलवार।
नेत्र तीसरा बन शंकर का,
समर बहा दो शोणित धार।।

सीमाओं पर परवश जननि
बाट रात दिन निहार रही।
तात! सहारा तुम्हीं एक जग,
आज संकट में मातृ मही।
आज दिखा दो रणभूमि में,
फिर अजेय कृपाण की धार।।

दुःशासन बनकर आक्रांता,
अपने घृणित कर बढा रहा।
भरी सभा में माँ का चीर,
खींचना पापी चाह रहा।
आज कतर दो पंख शत्रु के,
बनकर प्रवलतम बज्र प्रहार।।

आज पुनः फिर आयी वारी,
तात! कभी न पीठ दिखाना।
महाप्रलय रूप धारण कर,
ऐसा विकट समर रचाना।
भारती की लाज बचा लो,
"जगराम" तभी संभव उद्धार।।

[102]

जो मातृभूमि का सेवक हो,
वह आये सीमाओं पर।
जो बलिदानों का प्रेमी हो,
वह मुस्काये नित घावों पर।।

जिस वसुंधरा पर जन्म लिया,
वह स्वर्ग लोक से भी पवित्र।
जिसकी गोदी में नित खेले,
उसकी महिमा जगत विचित्र।
जिसके हृदय सेवा-व्रत हो,
वह आये तम-राहों पर।।

मातृभूमि की गौरव गाथा,
गंगा से भी अमल-धवल।
भारत माँ के स्वाभिमान,
का दीपक अविराम अटल।
जो माँ का हो अटल पुजारी,
वह आये पथ शूलों पर।।

विपदाओं में घिरी मातृभू,
की अब करुण पुकार यही।
अरिदल के सिर फोड़, भगा दो,
सौगंध! मुक्त करो पुण्य मही।
"जगराम" राष्ट्र यज्ञ आहुति जो,
वही विजय की आँखों पर।।

[103]

हम नई चेतना की धारा,
हम अंधियारें में उजियारा।
हम तो सूरज का महातेज,
जो हर ले जग का तम सारा।

हम तो हैं बड़े भाग्यशाली,
जो हमनें जन्म यहाँ पाया।
जिस गोदी खेले राम–श्याम,
उसमें हमनें भी सुख पाया।
हम तो प्रसून उस वगिया के,
जो कर दे सुरभित जग सारा।।

हम तो हैं माँ के कृतज्ञ पूत,
साधना एक माँ की सेवा।
चरणों में समर्पित तन–मन–धन,
बस यही उर एक चाह मेवा।
हम तो उस सत्य पथ के पत्थर,
जो हरे पथिक का भ्रम सारा।।

ओ! पूरब के दिनकर महान्,
उग कर हर लो सारी दुविधा।
भर दो हर आंगन में खुशियाँ,
आकर हर लो सारी विपदा।
"जगराम" तुम्हीं तो हो प्रभात,
क्षण कर दो जगमग–जग सारा।।

[104]

साहस से बढ़ने वालों की,
हम पूजा करने आये हैं।
अपने शोणित से माथे पर,
हम तिलक लगाने आये हैं।।

जो मातृभूमि की सुरक्षा हित,
अपने पथ-कदम बढाता है।
बलिदान भावना के आगे,
स्वयं काल शीश झुकाता है।
समर भूमि से ही पहले हम,
विजय गीत गाने आये हैं।।

सीमाओं पर अरिदल के सिर,
मार-काट-ढेर खलिहान किए।
घर में छिपे विश्वासघातियों,
के अखण्ड सपने सब उध्वस्त किए।
ऐसे वीरों के चरणों में,
हम सुमन चढाने आये हैं।।

प्रतापी पुरखों की भांति ही,
हम भी तो कुछ बलिदान करें।
अपनी भारत माता को फिर,
अटल सिंहासन आसीन करें।
"जगराम" भारति! के मंदिर में,
निज दीप जलाने आये हैं।।

[105]

माँ की ममता तड़प तड़पकर,
सीमा पर आज बुलाती है।
वीर सपूतों की समाधि पर,
आज जननी अश्रु बहाती है।।

कोटि सपूतों ने सीमाओं,
की सुरक्षा में सर्वस्व चढ़ाया।
रिपुवर की छाती पर चढ़कर,
सीमाओं के पार भगाया।
अपनी मातृभूमि की माटी,
देखो चंदन को लजाती है।।

भारत माँ स्वर्ग से भी पावन,
ऐसा यश, देवों ने गाया।
सबसे उन्नत माँ के सिंहासन,
के सन्मुख गगन स्वयं लजाया।
अपनी भारत माँ की महिमा,
हर–घर में गायी जाती है।।

आया समय न जाने पाये,
अब मत सोओ वीर जवानों।
सौगंध बलिदानी पुरखों की,
उठो! समर भूमि को प्रस्थानो।
"जगराम" आज सौगंध दूध की,
रह–रह कर उमंग बढ़ाती है।

[106]

इस बगिया के माली हम सब,
हम सब इसकी आश हैं।
इस बगिया के प्रहरी हम सब,
हम सब इसकी स्वांस है।।

इसकी हर क्यारी में मोहक,
पारिजात से पुष्प खिले।
इसकी मधुसुरभित बयार में,
स्वर्ग लोक की मलय मिले।
इस बगिया के प्रसून हम सब,
हम सब इसकी बास हैं।।

इसकी महिमा जगत निराली,
जैसे फूलों का उत्सव।
इसकी शोभा अटल दिवाली,
जैसे आनंद का उद्‌भव।
इस बगिया की चेतना हम सब,
हम सब इसकी प्यास हैं।।

हम इसकी हर स्वांस-स्वांस में,
यह अंतस्तल समायी है।
"जगराम" कोटि जन्म की इससे,
अटल प्रीति लगायी है।
इस बगिया की थाती हम सब,
हम सब इसकी हास हैं।।

[107]

तेरा मान बढ़ाते जायें,
हम तेरे सुत बलशाली।
अपनी छाती के शोणित से,
सींचें तेरी हर डाली।।

तेरे कदमों पर न्योछावर,
जीवन की खुशियाँ सारी।
तेरे आंगन में बलिहारी,
जीवन की स्वासें प्यारी।
आत्म-आहुति कर महायज्ञ में,
बनकर बगिया का माली।।

तेरी विजयी धवल धर्म ध्वजा,
नभ से ऊँची फहरायें।
तेरे चिरजीवी यशोगान,
को मधुलय से हम गायें।
जीवन दीप जलाकर अपना,
फैलायें शुभ्र उजियाली।।

हम तेरे सुत चले समर को,
कर में तलवारें लेकर।
हम तेरे सुत चले आज फिर,
कर में विजय ध्वजा लेकर।
"जगराम" अपने बल पौरुष से,
फैलायें पूरब लाली।।

[108]

आजीवन पतवार चलायें,
सच्चे नाविक का धर्म निभायें।
बड़ी कुशलता से तरनी को,
भवसागर से पार लगायें।।

बड़े भाग्य से नाविक जैसा,
प्रभुकार्य सहज में ही 'पाया'।
व्यर्थ न जाने पाये सुअवसर,
जो बिन जप-तप के घर आया।
जीवन दीप जलाकर अपना,
पथिकों को नव राह दिखायें।।

निष्काम भाव-त्याग-समर्पण से,
उर शील-ज्ञान दीप जलाकर।
वीर व्रत अटल ध्येय निष्ठा के,
नवांकुर अंतः करण उगाकर।
समदर्शी और समवर्ती के,
पतझड़ के घर सुमन खिलायें।।

उर अजेय साहस पौरुष भर,
संकल्प अडिग बस विजय श्री का।
कर में अमोघ अस्त्र-शस्त्र सुसज्जित,
पग रव महाप्रलय रजनी का।
"जगराम" जीवन दीप सार्थक,
बार-बार यह घड़ी न आये।।

[109]

हम समाज के चेतन प्रहरी,
हम समाज की नव आशा।
हम समाज के अविचल प्रहरी,
हम समाज की चिर स्वांसा।।

बूँद-बूँद से भरता सागर,
बूँद-बूँद से महाजलद।
बूँद-बूँद से बरसे बादल,
बूँद-बूँद से महा उदधि हृद।
हम अतुलित बलशाली जल कण,
हम पतझड़ की अभिलाषा।।

कण-कण से रंग-बिरंगी सृष्टि,
जैसे गगन चुंबी हिमगिरि।
व्यक्ति व्यक्ति से सुभग राष्ट्र जीवन,
जैसे गोमुख से सुरसरि।
हम वसुधा की अनुपम थाती,
हम पथ की सुहृदय भाषा।।

अब भार तुम्हारे कंधों पर,
अपने बल को पहिचानो।
अब सत्य धर्म लुट रहा हाट में,
उठ कर सत्वर सर संधानों।
"जगराम" भारती का पथ बन,
हम हरें उर से निराशा।।

[110]

ऐसी ज्योति जगाओ घर घर,
जिससे बैर भाव तिमिर हटे।
स्नेह समर्पण के जगमग दीप,
जन-जन के उर में आज जगे।।

जहां कहीं भी हो अंधेरा,
वहां प्रखर दीप प्रदीप्ति करो।
ममता समता-समरसता को,
घर घर में नव आनंद भरो।
जीवन दीप जलाओ ऐसा,
जिससे घर घर में सुमन-खिलें।।

पतझड़ के जैसे हृदयों में,
सजल वसंत बहार बहाओ।
रूखे-सूखे-झुलसे मुख को,
पावस का पीपूष पिलाओ।
सब न्योछावर लघु जल-कण सा,
आत्महवि कर जीवन भस्म बने।।

गली-गली नंगी पशुता,
सज्जनता का गला घोंट रही।
आतंक अधर्म और मिथ्याचार
की निर्मम बदली नित बरस रही।
''जगराम'' उगो दिनकर बन कर,
जिससे भारत मां अभय रहे।।

[111]

भारत माता की वेदी पर,
शीश चढ़ाने आया हूँ।
सौगंध बलिदानी पुरखों की,
सर्वस्व लुटाने आया हूँ।।

कोटि-कोटि वीरों ने इस पर,
निज जीवन सुमन चढ़ाया।
मां का वैभव अमर रहे जग,
जीवन का ध्येय बनाया।
निस्वार्थ भाव से राष्ट्र यज्ञ में,
समिधा बनने आया हूँ।।

मातृभूमि प्राणों से प्यारी,
ऐसा वेदों ने गाया।
जिसकी गोदी स्वर्ग से पावन,
ऐसा जगती ने पाया।
परम मोक्ष का धाम यही तो,
तभी शरण में आया हूँ।।

आज भारती के मंदिर में,
देखो पापी घुस आया।
आतंक-अधर्म-अत्याचारों से,
जिसने जननि को थर्राया।
''जगराम'' उठो ले चक्र-सुदर्शन,
यही बताने आया हूँ।।

[112]

मां बैठेगी सिंहासन,
हम सब सेवक होंगे।
मां बैठेगी कमलासन,
हम सब प्रहरी होंगे।।

इसके लिए ऋषियों मुनियों ने,
अपनी देह तपायी।
इसके लिए वीर पुत्रों ने,
अपनी भेंट चढ़ायी।
मां बैठेगी गगनासन,
हम सब दिनकर होंगे।।

अपनी मां तो सबसे शिव,
सत्य और सुंदर जग में।
अपनी मां तो नित नूतन,
चिर पुरातनी जग में।
मां बैठेगी हृदयासन,
हम सब वसंत होंगे।।

देखो! मां को रिपुवर ने,
सिंहासन से गिराया।
देखो! विश्ववंदिनी मां का,
शत्रु ने भाल झुकाया।
"जगराम" ब्रह्मास्त्र उठाओ,
तभी स्वप्न पूर्ण होंगे।।

[113]

हल्दी घाटी बुला रही फिर,
राणा की संतानों को।
राष्ट्रयज्ञ की वलिवेदी पर,
जौहर करने वालों को।।

मातृभू के हित राणा के,
कोटि सपूत वलिदान हुए।
स्वाभिमान के लिए वीरवर,
तिल–तिल जल स्वयं राख हुए।
चिर समाधियां बुला रहीं फिर,
सर्वस्व लुटाने वालों को।।

आज पुनः संकट के बादल,
सीमाओं पर घिर आये।
दु:शासन की बुरी नियति से,
जन–जन शंकित घबराये।
जननी की व्यथा बुला रही,
तिमिर भगाने वालों को।।

उठो! कसो! कृपाण कमर में,
पहनो केसरिया बाना।
घर में छिपे हुए पापी को,
पकड़ शीघ्र ही दफनाना
''जगराम'' भारति! बुला रही,
दीप जलाने वालों को।।

[114]

खंडित भारत को जोड़ेंगे,
यह अटल संकल्प हमारा।
शत्रु के शीशों को फोड़ेंगे,
यह अविचल कर्त्तव्य हमारा।।

जिन गद्दारों ने निज स्वार्थ में,
मां को टुकड़ों में बांटा।
अपने हाथों ही अपनी मां,
का जिनने हंस सिर काटा।
ऐसे सबके दन्त तोड़ेंगे,
यह पावन स्वधर्म हमारा।।

जिसकी चिर अखंडता के लिए,
वीरों ने प्राण गंवाये।
ऋषियों मुनियों ने भी अपने,
तप से गहने पहना पहनाये
कोटि जनों की श्रद्धा देवि को,
साष्टांग नमन हमारा।।

देखो दीन दशा भारत की,
बना-भिखारी दर-दर का।
जो कल था सोने की चिड़िया,
वह बना दास रिपुवर का।
''जगराम'' उगो! अब दिनकर बन,
तम भगाना धर्म हमारा।।

[115]

हमें नहीं डर तूफानों को,
और न यम की फांसी का।
हमें नहीं डर महाप्रलय का,
और न जग की हांसी का।।

हमनें जो अखंड संकल्प लिया,
वही हमारा ध्येय अटल।
हमनें जो सर संधान किया,
वही हमारी साध सफल।
हमें नही डर असफलता का,
और न भय की आंधी का।।

हम तो वे लौह तन चटटानें,
जो अडिग नित्य कर्त्तव्य पथ पर।
हम तो वे अभेद्य दीवारें,
जो अक्षय निज उत्कट व्रत पर।
हमें नहीं डर वलिदानों का,
और न कल की बाती का।।

उठो! न डरो अब वीर अमर पुत्र,
तुम कभी न मरने वाले।
शिव सा ताण्डव करो समर अब,
तुम कभी न मिटने वाले।
"जगराम" न डर महाकाल का,
और न माया दासी का।।

[116]

भारत माता की जय हो,
यही हमारा नारा।
भारत मां अजर अमर हो,
यही सपना हमारा।।

इसकी सुरक्षा में हमने,
कीमत सदा चुकाई।
निज प्राणों की न चिंता कर,
जीवन ज्योति जलाई।
भारत मां सदा निर्भय हो,
यही प्रयास हमारा।।

यही हमारी आदि शिवा,
यही हमारी आशा।
यही हमारी नयन ज्योति,
यही हमारी स्वांसा।
चिर वैभव सदा अटल हो,
यह सौभाग्य हमारा।।

उठो! चलो! नभ फहरा दो,
मां की विजय पताका।
आज पुनः अरि को थर्रा दो,
करो समर अब साका।
''जगराम'' मां की विजय हो,
यही अटल ध्रुव-तारा।।

[117]

वार दिया हमनें भारत पर,
जीवन अपना सारा।
सौंप दिया हमनें भारत को,
वैभव अपना सारा।।

भारत ही तो अपनी आशा,
भारत ही ज्योति नयन।
भारत ही तो अपनी स्वांसा,
भारत ही प्राण सुमन।
भेंट दिया हमने भारत को,
सपना अपना सारा।।

प्राणों से प्रिय अपना भारत,
कण-कण स्वर्ग आलिंगन।
स्वांसों मे स्वर अपना भारत
अक्षय मधु आशीर्वचन।
चढ़ा दिया हमनें भारत को,
सावन अपना सारा।

समय आ गया पुनः आज फिर,
न्योछावर करने का।
चिर वलिदानी परम्परा को,
पुनः मान बढ़ाने का।
''जगराम'' अर्पित कर भारत को,
शोणित अपना सारा।।

[118]

पुनः जन्म लें इस धरती पर,
यही एक अभिलाषा।
भारति! के पद कमलों में,
अर्पित जीवन स्वांसा।।

एक बार जो जन्म मिले तो,
कोटि जन्म फल पायें।
एक बार जो छत्र मिले तो,
कोटि स्वर्ग फल पायें।
जननि के चरणों में अर्पित,
जीवन दिव्य प्रकाशा।।

भारत! सृष्टि भाग्य विधाता,
चिर जड़ चेतन प्राण।
यह संगम भक्ति-शक्ति-युक्ति का,
नव प्रणय-प्रलय वाण।
जीवन ज्योति अर्पित मां को,
समर्पित मधु उल्लासा।।

स्वर्ग से भी पावन भारत,
यह सुरों ने गाया।
नभ से ऊंचा यश इसका,
ऋषियों ने बताया।
"जगराम" मोक्ष धाम यही,
साध्य भविष्य विश्वासा।।

[119]

वही शक्ति अब भी प्रचण्ड है,
जो कभी दुर्गा में थी।
वही ज्योति अब भी प्रखर है,
जो कभी भानु में थी।।

नर–नारायण की तपस्या,
सृजन–सृष्टि उपकारिणी।
ऋषि–मुनियों की दिव्य साधना,
मंगलमय हित कारिणी।
वही कीर्ति अब भी अक्षुण्य है।
जो कभी भोर में थी।।

राम–श्याम की धर्म स्थापना,
और अनमोल समर्पण
दिव्य कर्म योगियों का जीवन,
सुरसरि जैसा पावन।
वही धार अब भी ऊष्ण है,
जो कभी पूर्व में थी।।

पश्चाताप करो न कोई,
महावीर की संतानो।
नेत्र तीसरा खोलो शंकर,
ब्रह्मास्त्रों को संधानों।
''जगराम'' पुनः रार शेष है,
जो कभी भूत में थी।।

[120]

निश्चित सब संसार कहेगा,
वीरो की वलिदान कथा।
जयचन्द्र की करतूतो पर,
संसार हंसेगा तोड़ प्रथा।।

जिसने जो भी किया यहां,
उसे उत्तर देगा समाज।
राष्ट्र कभी क्षमा न करता,
निरा अपराधी को आज।
जस करनी तस ही भरनी,
फल मिलेगा सामर्थ्य यथा।।

चलो डगर में सम्हल, सम्हल,
पथ में बिखरे शूल निखर।
उठो! निशा आलिंगन तज,
व्रत में दिनकर तेज प्रखर।
मान और अपमानों में,
अडिग किंचित उर न व्यथा।।

कर्म वीरों के पग चूमे,
विजय श्री स्वयं ही आकर।
अपना जीवन धन्य समझें,
संतों की पदरज पाकर।
''जगराम'' उसे सोम मिला,
जिसने तन उदधि मथा।।

[121]

इस मिट्टी में पैदा होना,
स्वाभिमान की बात है।
इस मिटटी में समरस होना,
स्वर्ग-लोक के समान है।।

इसके आगे स्वर्ग लजाता,
सभी सुर शीश झुकाते।
एक बार इसकी गोदी में,
बस जन्म हेतु ललचाते।
इस मिट्टी में खेल-खेलना,
सुजीवन का कल्याण है।।

इसकी महिमा सुभग न्यारी,
कण-कण में भगवान है।
इसके अजिर में जो आनंद
यज्ञफलों के प्रमाण हैं।
इस मिट्टी का नित गुणगाना,
अखंड मोक्ष विधान है।।

थाल सजा नित करो अर्चन,
जग कल्याणिनि माता का।
जीवन दीप जला निर्मल मन,
वंदन करो विधाता का।
"जगराम" यह स्वप्नों का मंदिर,
भूत भविष्य वर्तमान है।।

[122]

धनुष बाण से फिर साधेंगें,
हम आज अचूक निशाना।
शीश पर कुल का ऋण बहुत है,
जननि का दूध न लजाना।।

समय न अब देरी करने का,
और नहीं अब सोने का।
जीवन बीते यों बातों में,
बृथा शेष तब रोने का।
निस्वार्थ भाव से, कर्म पंथ से,
निज कभी न वदन छिपाना।।

अधर्मियों का आतंक बढ़ रहा,
घिर आये संकट के घन।
आज पुनः चीर-हरण हो रहा,
मानवता का सुनो! रुदन।
अपने अतीत को करो स्मरण,
कर में गांडीव उठाना।।

उठो बहादुरो! व्यर्थ न जाये,
यह मधु-अनमोल जवानी।
मां की सेवा में लग जाये,
जीवन की तरुण कहानी।
''जगराम'' पंथ का दीपक बन,
सबको नित राह दिखाना।।

[123]

अमृत है गंगा मां का जल, कण कण सालिग्राम है।
पावन तट ऋषियों मुनियो और देवों के धाम हैं।
इसकी महिमा जग न्यारी देवों ने भी गायी है।
इसकी गरिमा सुधामयी, और अक्षय सुखदायी है।।
इसकी ममता मोक्षमयी और आनंद का धाम है।।
इसके आंगन में तेंतीस कोटि, सुरों का वास है।
दिव्य शक्ति स्वरूपा आदिशक्ति, परब्रह्मा प्रभु का निवास है।
इसका आंचल परम-शांति और अटल सुख-धाम है।।
इसके तट पर ऋषि मुनियों ने धर्म का दीप जलाया।
संस्कृति-सदाचार-चरित्र का जन जन को पाठ पढ़ाया।
इसके पावन तट जप-तप और यज्ञ, मुक्ति अविराम है।।
इसके जल की एक बिंदु भी प्यासों की प्यास मिटाती।
दैहिक-दैविक-भौतिक त्रय, तापों को दूर भगाती।
इसका जल तो मात-पिता सद्गुरू और अभिराम है।।
यह तो मैत्री-करुणा-मुदिता मानवत्व का प्राण है।
यह तो आश-श्वास-प्यास और अटल देवत्व प्रमाण है।
यह तो चिर जीवन दीप और आदि अंत ''जगराम'' है।।

[124]

जीवन के झंझावातों में,
सबको मुक्त प्रकाश चाहिए।
वर्तमान की घोर दशा में,
भविष्य की नव आश चाहिए।।

दसों दिशायें भय से कंपित,
शून्य विरत अशेष वसुधा।
अंबर जलधि अतृप्त अकिंचन,
स्वयं किंकर्त्तव्य विमूढ़ दुबिधा।
संक्रमण के संभ्रम पथ में,
पथिक को विश्वास चाहिए।।

अन्याय अधर्म का नभ ताण्डव,
पशुता का निर्भय आचरण।
कदाचरण के महाज्वार में,
महाकाल का जय विचरण।
अमा के पाषाण हृदय में,
पूर्ण का प्रयास चाहिए।।

समर्थ पतन उन्मुक्त प्रतिपालन,
व्यर्थ शेष-अवशेष अकिंचन।
चिर रीति कालांतर मतिभ्रम,
पूर्ण परा परिवर्धित सिंचन।
समष्टि कल्पना निरा काल्पनिक,
मधुप वसंत विलास चाहिए।।

विधु प्रश्रय आकंठ सचराचर,
गंतव्य अविच्छिन मंतव्य सनातन।
स्वप्न स्थिर विगत पूर्ण आलिंगन,
आतुर पर नेह पुरातन।
पूर्व पम्परा पूर्ण समर्पण,
''जगराम'' कंठ-श्वास चाहिए।।

[125]

प्रकृति नहीं डर कर झुकती है,
कभी घोर पशुता के आगे।
प्रगति नहीं पलभर रूकती है,
कभी प्रलय झंझा के आगे।।

अतुलित सामर्थ्य अक्षुण्ण प्रारब्ध,
धवल भवितव्य भाल अनिंद्य काल।
उत्ताल तरंग अनल उदधि मुख,
प्रचण्ड वेग काल व्याल गाल।
नियति प्रवल पग पथ धरती है।।

अजस्र प्रवाह ऊर्ध्व अंबर शिख,
सहर्ष बांह गंतव्य अग्रसर पथ।
जाज्ज्वल्य प्रहर अविश्रान्त तरुण,
उद्गम दृढ़ चाह महाप्रलय हठ।
प्रगति पथ जय घोष करती है।।

अनित्य ज्योति अविराम साधना,
प्रस्तर पथ अंतः अभेद्य स्थैर्य व्रत।
परमार्थिक ज्योतित नव सर्जना,
पावस अंक आतुर तन्मय समष्टि।
महति मुख मलयमय करती है।।

शांत व्योम परि–क्लांत क्षितिज द्वय,
स्वांति अमिय चातकी साधना।
विजय विनय फल आर्य लोकहित,
उदधि मंथन ''जगराम'' भावना।
जयति समष्टि आतप हरती है।।

[126]

जन्मा है वह जहां आज,
वह भूमि स्वर्ग से पावन।
देवों की दिव्य तप:स्थली,
सत्य–शिव–सुंदर शुभ्र सावन।।

शुभ्र महिमा मण्डित शुभ से,
कृतज्ञ स्तुति समष्टि आलिंगन।
चिर मूर्ति अखंडित व्रत से,
शोभित कंचन सिंहासन।
आत्म हवन की यज्ञवेदि,
सुभग बह्नि–सुयश सुहावन।।

चंदन रज सोम वारि कण,
विपुल अगाध निधि समर्पण।
श्रेयस नि: श्रेयस व्यर्थ भ्रम,
स्वयं मोक्ष आतुर अर्पण।।
समष्टि वंद्य अनादि अक्लांत,
अंकमलय अंग मनभावन।।

[127]

नर समाज का भाग्य सुनिश्चित,
अंतस ज्योतित अंत अलोना।
व्यर्थ विभेद नैराश्य फल श्रुति,
मरु हृदि जय पुनर्जन्म सलोना।।

काल चक्र का क्रमिक परिवर्तन,
सूक्ष्म अनंत ंका गूढ़ रहस्य।
आदि अंत का सनातन सर्जन,
आवागमन परिभ्रमण अवश्य।
निश्चय समाधान परिपालन,
निष्कर्ष मंथन अबेर बिलोना।।

भोर तुहिन भ्रम किंचित अमिय,
अथक-अकथ श्वेद भाल तक।
कथनी-करनी वर्ति-दीपिका,
मधुप मधुर अभिन्न काल तक।
वंचित कर्म अचंभित प्रतिफल,
क्षितिज मणिमुख स्थैर्य पिरोना।।

पशु से नर तदपि नारायण,
व्यष्टि, समष्टि, परमेष्टि साधना।
भौतिक जनित निष्काम कर्म व्रत,
परमार्थ अर्पित पूर्ण कल्पना।
आर्य चिरंतन जीवन रचना,
''जगराम'' भाग्य चक्र खिलौना।।

[128]

शुभ होता अमूल्य संतोष धन,
जो नित्य सदाचार में पलता।
जप-तप-त्याग विटप फलस्वरूप,
सुमधुर स्वमेव अंतर फलता।।

पूर्ण यत्न पूर्वक पूर्ण समर्पण,
क्षय जड बीज मंत्र पशुता का।
पावस निरस प्रतिबिंब अमावस,
सजल पटल अंतर वसुधा का।
वीतराग-रस अंतस्तल सिंचित,
परिणाम प्रत्यक्ष अंतस ढलता।

परिधान सात्विक एकत्व स्वभाव,
विविध वितान आशीष अनंत।
स्वयं दृष्टि सृष्टि तदैव व्यक्त रूप,
उन्मुक्त-मुक्त आविर्भाव दिगन्त।
सर्वत्र विचित्र प्रस्तरी अवलंबन,
तृप्त अपूर्ण जठर-मुख ममता।।

चित्रित रूप सचित्र निष्प्राण मूक,
मुक्त परिहास व्यक्त अभिव्यक्ति प्यास।
सन्मुख रीति प्रीति उन्मुखातुर,
उत्ताल अनंग परिव्यक्त आश।
श्रेयस निःश्रेयस अजस्र त्रिकाल,
''जगराम'' चिर युगभाल बसता।।

[129]

राजा प्रजा नहीं कुछ होता,
आत्म हवन की परिपाटी में।
निमित्त यज्ञ की सम्पूर्ण आहुति,
बस एक ललक अर्पण माटी में।।

जीवन प्रसून सत्कर्मों का फल,
पुरखों का शुभ आशीर्वचन।
कोटि साधनाओं का प्रतिफल,
सर्वोत्कृष्ट सुकृति नव आत्म-सृजन।
अनुभूत अप्रतिम द्युति आकर्षण,
नीति निपुण पथ शुभ्र घाटी में।।

अभिलाष दृढ़ दीप शिखा सदृश,
उर-भाव अटल विंदु सिंधु संभव।
आजीवन कल्पना प्रशस्त रीति,
अनुग्रहीत श्रावण नेह उद्भव।
संचित अर्पित गर्वित संवेदन,
अन्तर्बाह्य फुल्ल आत्म-वाती में।।

लीन अगाध नीरव अतंस्तल,
अन्तर्चेतना धीर उदर क्षीर।
नव मलय गात नव शुभ प्रभात,
व्रत ज्योतित पूर्ण अपूर्ण तीर।
समिधा विपुल पूर्ण तृप्त यज्ञ मुख,
''जगराम'' कल्प संतृप्त थाती में।।

[130]

कौन यहां राजा किस का है?
मातृभूमि के अटल पुजारी।
कौन ज्योति और रसातल है,
सब सेवक समान उपकारी।।

यह तो सचराचर की जननी।
सारी समष्टि आदि संतानें।
यह तो करुणा–ममता की प्रति,
अनमोल हीर उदर समानें।
कौन स्वधर्मी और विधर्मी है,
सब सीमाओं के जय प्रहरी।।

यह तो आत्महवन सुवेदि का,
अंबर तक सर्व वलिदान समर्पण।
यह तो योगियों की साधना,
परिपूर्ण क्षितिज तक परिमार्जन।
कौन सनातन और क्षणिक है,
सब नव सृजना हित वलिहारी।।

यह तो नव श्वांसा चिर आशा,
चिर जीवन का अनंत वितान।
यह तो तिमिर में धवल प्रकाश,
एकात्मता का एकेव विधान।
कौन सुरभि और पंक–दल है,
''जगराम्'' जननि पय अधिकारी।।

[131]

ऊँच नीच का भेद नहीं था,
कभी सनातन भारत भर में।
एकत्व विविध में द्वेष नहीं था,
कभी सुपावन आनंद घर में।।

यही धरोहर पुण्य मोक्ष धाम,
सर्वदा वसंत सुरभित नंदन।
यही तपस्वियों की तपोभूमि,
अर्पित–फल सुरभित–सुमन चंदन
चाह पूर्ण में शेष नहीं था,
कभी पावस अनवरत स्वर में।।

यही समर के शोणित का वक्ष,
करुणा का निस्तब्ध उदधि विलाप।
यही व्यथित हृदय का चीत्कार,
अरुणा का निषंग नेह मिलाप।
आह–बोध में शोक नहीं था,
कभी क्षुधा अंतरतम स्फुर में।।

यही गलित का मलिन हृदय,
बंचित सुहृदय सर्वत्र विभूषित।
यही पंक का पुष्पित पंकज शिख,
आकण्ठ –समुन्नत सम्यक् पोषित।
तिमिरि–भंवर में प्रपंच नहीं था,
कभी ''जगराम'' अनन्य स्तर में।।

[132]

जाग मूढ़ आगे के हित,
जीवन सुमन व्यर्थ न जाये।
घोर अमा अंधियारी में,
भोर कहीं निकल न जाये।।

कोटि जन्म की घोर तपस्या,
का अमूल्य फल यह जीवन।
आशीषों की मलय छांव,
क्षितिज सुधा की आशा में,
काल कहीं निगल न जाये।।

उन्मुक्त दिवस की तरुणाई,
का वेसुध भ्रमित बलिदान।
अचंभित पथ की अंगड़ाई,
का अनित्य पुलकित व्यवधान।
वसंत की चकाचौंध में,
गंतव्य कहीं भटक न जाये।।

तीर अधीन संभ्रमित क्षीर,
का प्रणय आनंद असंभव।
भ्रमित–पथिक शंकित पुनरपि,
शेष न दिवस भोर न उद्भव।
''जगराम'' सोम बाहों में,
पूर्णिम कहीं चली न जाये।।

[133]

छिन्न-भिन्न हो गयी श्रृंखला,
पीत गात हो गयी वसंत।
टूट गये वसुधा बंधन,
मलय अनल पतझड़ का अंत।।

विगत तिमिर पुंज आह्लादित
पुलकि उमंग मलय प्रवाहित।
रोमांचित संकल्प असंभव,
इच्छाशक्ति दिग्दिगन्त समाहित।
ज्योतित मुख सुधा तुहिन बन,
व्याप्त विभूषित भाल अनंत।।

मणिमय क्षणिक रसिक रसना,
विक्षिप्त तरंग व्यथित संबोधन।
प्रणय कपोल अंतर स्पंदन,
फल स्वयं अस्थैर्य प्रबोधन।
क्षुब्ध साध, साध्य असंवेदन,
क्षितिज संकल्पना मनगढ़ंत।।

स्वर्ग सामर्थ्य सरि हृदय प्रलय,
शंकु परिभ्रमित जय अवलंबन।
उच्छ्वास अभिषप्त दर्प अचंभित,
स्तंभित परिणय अतिरंजन।
व्योम सुधा अवनि हिय क्षीर,
''जगराम'' व्याप्त व्रत दिग्दिगन्त।।

[134]

तज समष्टि को व्यष्टि चली थी,
महा–ताण्डव करने को।
राग–द्वेष के महा समर,
को शोणित से भरने को।।

महा–स्वार्थ के शिखरों पर,
चकाचौंध सोम आवर्तन।
कविता कनक–कामिनी रस,
मिथ्या नेह सुधा परिवर्तन।
अमावस की घन घटा में,
चपला का रस हरनें को।।

कदाचरण की मेघ दुंदुभि,
निशंक आतुर अनुबंधन।
छद्म प्रलाप गूढ़ विमोचन,
नराधम इच्छित मधुस्पंदन।।
दुर्भाग्य ज्वार के मूढ़ वक्ष,
पर लौह खण्ड दलने को।।

पशुता का साम्राज्य अभय,
उल्लंघन का स्वभाव सबल।
कोटि दीप साधना विफल,
कुरुक्षेत्र भवितव्यता प्रबल।
निशा सुनिश्चित परिवर्तन में,
''जगराम'' भोर जगने को।।

[135]

नर को नर का सहज प्रेम,
नारायण पा सकता है।
मुक्त हृदय संवाद वसुधा,
पर गंगा ला सकता है।।

आदि बीज सृष्टि का परिचय,
प्रभात किरण वासना की।
उन्नत अनंत समरस सगर्भ,
अनुनय प्रणय कामना की।
सजल समर्पित आकर्ष घटा,
का सावन घिर सकता है।।

वसुंधरा अंबर की प्यासी,
आतुरता आकण्ठ शशिमय।
उल्लंघन उन्माद असीमित,
आनंद महारात्रि प्रतिमय।
परणित स्पंदन पराग-मुख,
से कल्पवृक्ष उग सकता है।

निष्काम प्रीति की रीति शुभ्र,
अनन्य समर्पण पूर्ण अनुभव।
मंतव्य पटल पर गंतव्य अटल,
अंग विश्वास सुनिश्चित उद्भव।
''जगराम'' अभिन्न दीप नेह,
ही व्यष्टि एक कर सकता है।।

[136]

नर समाज को एक खड़्गधर,
क्षण में जय कर सकता है।
कदाचारिणी पशुता वल,
समूल भस्म कर सकता है।।

सज्जनता समाज का संवल,
सदाचार स्थिर मूर्तिमंत।
भाव विभा सहृदय अनुग्रह,
पूर्ण समर्पण शील वंत।
समवर्ति-दृष्टि की मर्यादित,
जीवन क्षम्य जी, बहता है।।

संस्कारों की परवशता,
समष्टि भाव की जरास्थली।
आत्मीयता की सुधा कामना,
अंधकार में ऊषा भली।
चिर अतीत की शुभ स्मृति का,
सुस्वर अभिन्न वश सहता है।।

ऐसे नारायण निःशस्त्र रण,
विजय हृदय सोम असंभव।
दीप शिखा अस्तित्व विवशता,
सुनिश्चित चिरंजीव पराभव।
दृष्टि स्वप्न अंतर दैन्य दशा।
''जगराम'' अवश्य छिपता है।।

[137]

जिस तप से तुम चाह रहे,
अनंत गगन का आकर्षण।
जिस पग से तुम माप रहे,
अगम्य ब्रह्माण्ड का विस्तारण।।

पंथ सजीला पंख रंगीला,
नूपुर मुख मधुकर गुंजन।
उन्मुक्त मोहिनी तट वक्र दृग,
संभ्रम मग सन्मुख नटि खंजन।
जिस दृग से तुम निरख रहे,
मिथ्या मुकुट बृथा आलिंगन।।

मुग्ध तीर पथ विकट अधीर,
पथ घोर निशा अहि क्रंदन।
मेघ सी विस्मित चकाचौंध,
सभीत भीति उदर कंपन।
जिस पथ में पग बढा रहे,
छद्‌म वेष शिरोच्च अवलंबन।।

अटल ध्येय विश्वास शाश्वत,
आत्म-हवन अक्षुण्य साधना।
शुभ्र कर्म अविराम सनातन,
अंतरतम आकण्ठ कामना।
यदि स्वधर्म यज्ञ अविचल रहे,
तो निश्चय ''जगराम'' अभिनन्दन।।

[138]

बसी भूमि मरघट बन जाये,
फिर भी साधना अटल रहेगी।
चाहे तन छलनी बन जाये,
फिर भी गर्जना प्रचण्ड रहेगी।।

स्वाधीन दीप की ज्योतितवर्ति,
हृदयों में अविराम जली जो।
ध्येय समर्पित अमियमय जीवन,
बदली अवनि आकण्ठ मिली जो।
चाहे व्रत पथ अगम्य भले हो,
फिर भी पग गति निर्बंध रहेगी।।

बस बढ़ा पग क्षितिज को आतुर,
किंचित परिणाम अबाधि अंतस्तल।
अविचल अंतरतम जिजीविषा,
विस्मित प्रलय विस्फारित अस्ताचल।
चाहे तट वितान अनिश्चय में,
फिर भी रणध्वनि निर्धुन्ध बजेगी।।

आत्महवन की चाह अनंत तक,
पुनरपि उर एकमेव अमिलाष।
संभवामि युग और अनंतर,
चिर स्वप्न साकार उत्फुल्ल उच्छ्वास।
चाहे वलि "जगराम" भारती,
निश्चय मधुविजय वरण करेगी।।

[139]

यह पयोधि सबका मुख करता,
निज नीर सुधा से आह्लादित।
स्वप्नों का अक्षय कोष व्योम तक,
मधु रंगरलियों से संपूरित।।

उत्कट संयम मर्यादित जीवन
परम्पराओं में कण्ठ आलिंगन।
धैर्य दुर्जयी अविच्छिन्न तपश्चर्या
कालजयी व्रत निरा अकिंचन।
मर्यादाओं का विस्मय बंधन,
नाक विभा मुख लज्जित उन्मीलित।।

अंतरतम स्वमेव विलक्षण गर्जना,
दिक् विस्फारित अविराम साधना।
स्वयं उल्लंघन विवस अभेद्य पथ,
निश्चय भ्रमि स्वान्त क्लान्त भावना।
निर्बन्धी तन बंधन में विवस,
निशा-ऊषा संक्रान्ति अभिप्सित।।

स्वाभिमान अभय सौमित्र रेख,
मर्यादाओं की क्षिति अंतआश।
अदम्य अतीत की यशोगर्जना,
जप-तप-यज्ञ-दान व्रत अनुप्रास।
पथ संभ्रम आलिंगन परिहास,
रहस्य ''जगराम'' सहज उद्भाषित।।

[140]

बिना चढ़े फुनगी पर जो,
नर फल की आशा करता।
निरा विमूढ़ कस्तूरी हित,
मृग बन वन भटका करता।।

बिना धरे डग पथ पर जो,
वसुधा को मापा करता।
निश्चय व्यर्थ क्षोभ–जीवन भर,
कूकर बन दर–दर फिरता।।

बिना करे कर्म जीवन में,
जो सब कुछ पाना चाहे।
निर्लज्ज बिना मारे ही वह,
अपनी मृत्यु स्वयं मर जाये।।

बिना चले ध्येय मार्ग पर,
जो निज लक्ष्य बेधना चाहे।
कर्म हीन प्रभात बिना ही,
मधुकर सा मर जाये।।

बिना फरे कलंकित जीवन,
लोक जीवन मे अबांछित।
श्रुति–श्रद्धा–कर्म–महामंत्र व्रत,
''जगराम'' यही आकांक्षित।।

[141]

यह सपनों का देश कुसुम सी,
छटा–सुहावन।
यह वसुधा का वेश, मलय सी,
छवि–मनभावन।।

देव सदृश हिमगिरि का आंचल,
ममता समता से पूरित।
सुरसरिताओं की पय धारा,
सनातन कण्ठ–कण्ठ प्रवाहित।
यह आश्रय बस शेष, जननि की,
गोद सुपावन।।

हतप्रभ स्वयं प्रकृति का आकर्षण,
चरणों में आत्म–समर्पित।
सत्यं–शिवं–सुन्दरम वनांचल,
कण कण शुभम गौरवान्वित।
यह आनंद का ढेर, मंदिर की,
मूर्ति लुभावन।।

प्रवर प्रकृति की प्रति–कृति विशेष,
लोक अवशेष स्वाभिमान।
प्रीति नीति की रीति अलौकिक,
पशु से देव तक अभियान।
यह जीवन संदेश ''जगराम'',
स्वधर्म परायण।।

[142]

कर्म भूमि है निखिल महीतल,
कर्मवीर कुरुक्षेत्र चलो।
दिग्दिगन्त घन घटा टोप तम,
धर्म वीर आलोक भरो।।

ऊंच नीच भेद भाव की,
विषयी शूलतम कारा।
अपने पराये के बंधन,
भस्मीभूत जनु अंगारा।
विस्तृत पथ संकुचित मंतव्य,
रवि प्रचण्ड बन तिमिर हरो।।

भोर सांझ की विस्मित घड़ियां,
कुटिल कुठौर कलुषामृत।
जीर्ण-विदीर्ण मुकुर हिय अंतर,
व्यथित क्षुधित अंतः परिवृत।
नेह प्रवल संवेदित स्पंदन,
इच्छित फल तरु विकट फरो।।

साधन समर्थ तीर अभीप्सित,
नाविक का तंत्र समेकित।
पथिक की साधना परिवर्तित,
गगन-उदधि गंतव्य सुनिश्चित।
वंचित पतझड़ सिंचित सावन,
शेष पग ''जगराम'' धरो।।

[143]

दीपक का निर्वाण बड़ी कुछ,
सीख अमिट सिखलाता।
परमार्थ हित आत्म-हवन की,
ज्योति तम में जलाता ।।

सुघड़ सलोनी मधुमय काय,
नख शिख लज्जित काम स्वयं।
मूक वाद्य उन्नत निस्तव्ध शिखा,
अहं समर्पित अजिर वयं।
मन वांछित अन्तर्वाह्य समुच्चय,
गीता ज्ञान सुनाता।।

परोपकार में तिल-तिल जल,
बिंहसि मृत्यु आलिंगन।
प्रतिमा मूक हिय पाषाणी,
परहित पल पल स्पंदन।
संताप मिटाने को आतुर,
गंगा भूपर लाता।।

सर्वस्व न्योछावर स्वधर्म हित,
उत्कट उत्सवी प्रतीक्षा।
आसक्ति रहित भक्ति सहित भाव,
धर्म क्षेत्र अग्नि परीक्षा।
जीवन का सातत्य ''जगराम'',
दीप-दान समझाता।।

[144]

कर्म हीनता को पनपाती,
नव वसंत की अंगड़ाई।
पथिक को पथ से भटकाती,
मधु तरंग की बौराई।।

अवश्य गर्त जीवन के सुख में,
लाचार साधना व्यर्थ व्यथा।
रंगरलियां बंधन क्रूरतम,
बृथा छटपटाहट शक्ति यथा।
नाव को मंझधार डुबाती,
दिग्भ्रमित विक्षिप्त तरुणाई।।

लक्ष्य हीन नाविक की नौका,
काल की भेंट सुनिश्चित।
पतवार हीन दिग्भ्रमित संबल,
स्वप्नों का तीर अनिश्चित।
ज्योति-पुंज-तम दूर भगाती,
पौरुष की पुरवाई।।

घोर विपिन में अग्नि परीक्षा,
धीरज-धर्म वैशाखी।
अथक प्रयत्नों की परिपाटी,
निष्काम कर्मव्रती अभिलाषी।
स्वधर्म कर्म का पंथ दिखाती,
''जगराम'' मृत्यु दुखदाई।।

[145]

शेष न रहते सबल गीत,
पतझड़ के महासमर में।
सृजन न किंचित अनित्य मीत,
स्वप्निल अनिमेष डगर में।।

हिमाकांक्षाओं से गर्वित,
पूर्ण–व्रत की महायात्रा।
उन्मेष्य पथ निशा–निराशा,
अमा का संधान, विमात्रा।
सोम न सिंचित निकेत प्रीत,
धूप–छांव के प्रणय प्रहर में।।

व्योम साश्चर्य निस्तब्ध नीरव,
भीमकाय वक्र निरलस पथ।
मेरु व्यग्र घन यति गति निश्छल,
साकार स्वप्न महोदधि मथ।
द्युति सी चंचल हार–जीत,
मोद–क्षोम प्रलय भंवर में।

ध्येय यज्ञ में आत्म–समर्पण,
जीवन वसुधा की थाती।
स्मृति विमुख अनन्य भावना,
नेह–मेह अविच्छिन्न बाती।
लोक–हित तत्पर मुदित दीप,
''जगराम'' अनंत अंतर में।।

[146]

थका सिंह आदर्श ढूढ़ता,
पथ के अंतिम पड़ाव पर।
और शांति आधार ढूढ़ता,
क्षुधित अतृप्त स्वभाव पर।।

बुझा दीप आश ढूंढ़ता,
सपनों की ढेरी में।
मधुर सुधा का स्वाद ढूंढ़ता,
सूखी झरबरी में।।

निर्झरणी भी पंथ ढूंढ़ती,
जीवन लक्ष्य पाने को।
शूलों में सुमन ढूंढ़ती,
क्षण भर सुख पाने को।।

सूर्य सांझ में छांव ढूंढ़ता,
अग्नि की लपटों में तप।
अक्लांत मन छत्र ढूंढ़ता,
जैसे पतझड़ में पुष्प।।

अस्ताचल कठोर परीक्षा,
तम में परछांईं को।
''जगराम'' संयम अंतिम शिक्षा,
पथ में तरुणाई को।।

[147]

भ्रम को रोक समय को उत्तर,
द्वन्द्व शेष न कोई अंतर।
किंचित विस्मरण कारण तम,
मृत्युंजयि परिणाम अधर।।

अवतल पथ में शूलमय,
नियंत्रण हीन ध्वंस अवश्य।
अंधगर्त की ओर प्रमाण।
काल गाल का पथ भव्य।।

सुदूर का आकर्षण ही,
महामृत्यु का आलिंगन।
किन्तु शेष न दूर विशेष,
तदपि तृष्णा का बंधन।

मृत्यु पर्यन्त मृगमरीचिका,
प्रतीक्षा में प्रयत्न व्यर्थ।
सब निष्फल व्रत पारायण,
धूल धूसरित स्वप्न अर्थ।।

दीप की अविश्रान्त भक्ति ही,
भ्रम तम दूर भगाती।
''जगराम'' ध्येय साधना ही,
समय को दास बनाती।।

[148]

मानव का सच्चा स्वरूप,
प्रकट तभी होता है।
जब आशा–निराशा का,
घोर संभ्रम होता है।।

सीमोल्लंघन जब होता,
स्तंभ गरज उठता है।
मूक हृदय नृसिंह बन कर,
अरि शोणित पीता है।।

सिर ऊपर होता नीर,
ज्वार बना तब लघु विन्दु।
महाप्रलय की अंधड़ से,
भूचाल उठा सुप्त सिन्धु।।

सामर्थ्य का आत्म समर्पण,
मौन साधना का व्रत।
धैर्य का तब बांध ढहा,
विध्वंसक विस्फोट सुनिश्चित।।

जैसा रण वैसा संकल्प,
तदनुरूप अंतः प्राकट्य।
''जगराम'' परिणाम विविध,
सुनिश्चित समूल अकाट्य।।

[149]

खुल गया यदि नेत्रशिव का,
तो फिर महाप्रलय सुनिश्चित।
बज गया यदि वाद्य शिव का,
तो महाभूकंप सुनिश्चित।।

बढ़ गया यदि कदम शिव का,
तो फिर महाज्वार सुनिश्चित।
उठ गया यदि त्रिशूल शिव का,
तो सम्पूर्ण बिनास सुनिश्चित।।

चिर ध्येय हित साधना में,
जो भी पंथ बाधक बना।
तदैव महाकाल का वह,
तत्काल कोपभाजक बना।।

उद्दण्डता को मृत्यु दण्ड निश्चय,
क्षमाहित अर्थ प्रयास निष्फल।
निर्यात का प्रतिकूल साधन,
गंतव्य का निस्तब्ध अतंस्थल।।

यज्ञ का सम्मान पूर्ण स्वप्न,
पथिक को अक्लांत आंचल।
भोर का गान अतीत लक्ष्य,
"जगराम" ध्येय जनु वादल।।

[150]

ज्वार सिंधु का बढ़ा,
जब जब गरज कर,
अरुण भोर का चढ़ा।
जब जब गगन पर।।

प्रलय का संदेश ले,
जब जब चला वह।
तिमिर का अंत करने,
जब जब बढ़ा वह।।

तत्क्षण दुखान्त जीवन,
मुक्त, तोड़ कारा।
तीक्ष्ण संताप सावन,
स्वयं पंथ हारा।।

प्रचण्ड बज्राघात का,
संकल्प लक्ष्य जय।
स्वप्न तरुण प्रभात का,
व्यर्थ वियोग भय।।

बज्र सम प्रतिकार रण,
एकमेव सपना।
ध्येय अर्पित "जगराम",
का सर्वस्व अपना।।

[151]

अत्याचार सहन करना ही,
सबसे बड़ा पाप है।
सदा घुट घुट कर जीना ही,
सबसे बड़ा ताप है।।

परवश लाचारी सा अक्षम्य,
कोई अपराध नहीं।
जीवन पथ में भय सा सवल,
कोई अवरोध नहीं।।

ध्येय पथ से विचलित होना,
सबसे बड़ा पतन है।
साधना खंडित हो जाना,
सबसे बड़ा मरण है।।

विजय श्री से वंचित होना,
सबसे बड़ी रात है।
संघर्ष से मुख मोड़ लेना,
सबसे बड़ी घात है।।

संकल्प अवसान निंदित प्रयास,
पश्चाताप पथ विशेष।
प्रयाण अकिंचन, विश्वास हास,
''जगराम'' अंत: निंद्य शेष।।

[152]

शांति बीन तब तक बजती है,
जब तक बाहों में बल अपार।
दीप शिखा तब तक जलती है,
जब तक शोणित में महाज्वार।।

धवल विभा तब तक रहती है,
जब तक अनंतशिखा का प्यार।
प्रबल तेज तब तक रहता है,
जब तक संकल्प उपकार हार।।

मलय सुगंध तब तक वसती है,
जब तक प्राणसुधा अभिनंदन।
गंगा धार तब तक बहती है,
जब तक भगीरथ का वलिदान।।

सुमन अच्छा तब तक लगता है,
जब तक तारुण्य सुखद आलिंगन।
विजय गीत तब तक बजता है,
जब तक न हो शेष पुष्प विसर्जन।।

पूर्ण समर्थ की सर्वत्र वंदना,
महातेज का जय अभिनंदन।
तरुण अरुण का शुभ आराधन,
''जगराम'' चिर सम्मानित जीवन।।

[153]

बीत न पाये वर्ष काल का,
कार्य न रहने पाये शेष।
बदल न पाये अंक भाल का,
रिक्त न रहने पाये निमेष।।

ध्येय गुरुत्वर उच्छ्वास लघुत्तर,
साधन विवस स्वयं उत्तरोत्तर।
दुर्गम पथ में शूल विषमुखी,
घोर विस्मयकारी प्रश्नोत्तर।।

क्षण भगुंर चैतन्य अरुणिमा,
निराशा का प्रतिबिम्ब सन्निकट।
निष्प्राण का साम्राज्य अनिश्चित,
नवोद्भव की प्रतीक्षा विकट।।

स्वर्ण प्रतिष्ठा की कल्पना प्रवल
जलविन्दु प्रस्थान आशान्वित।
स्वप्नों की मधु-भंवर सुनिश्चित,
फलतः अतंरतम घोर व्यथित।।

व्यर्थ न कोई अर्थ संभावी,
मलय के लघु तंतु का सम्मान।
''जगराम'' सुधा का पूर्ण फल,
ध्येय हित तंत्र का सर्वस्व दान।।

[154]

महा समर आरम्भ देश में,
सभी जन करें पुनः तैयारी।
नीच अत्याचारी रिपु दल से,
फिर लडनें की आयी बारी।।

संकट की घन घोर घटायें,
सीमा पर फिर से घिर आयी।
आतंक की अति प्रचण्ड आंधियां,
घन घोर प्रलय बन कर छायीं।।

अनायास ही छिप गया सूर्य,
पापी आतंकी दल दल में
उजड गया मधु वासंती घर,
क्रूर पतझड़ के ताण्डव में।।

सोम छटा सी सुरभित शोभा,
क्षण में जल कर राख हो गयी।
अमिय घटा की पुलकित ममता,
बरसे बिना निष्प्राण हो गयी।।

उठो! पार्थ! गाण्डीव संभालो,
और रिपु पर बज्र प्रहार करो।
मां के दूध की सौगन्ध आज,
''जगराम'' शोक संताप हरो।।

[155]

कर में चाप पीठ पर तरकस,
हृदय अटल व्रत महासमर का।
पग में भूचाल महाभयंकर,
रण में ताण्डव घोर प्रलय का।।

महाकाल का आमंत्रण ही,
अब अधर्मियों का नाश सुनिश्चित।
पांचजन्य की घोर गर्जना ही,
रिपु की आशायें सब खण्डित।।

रिपु दल सर्वनाश, शेष न कोई,
संकटों के घन का पलायन।
पथ अमा का विषदन्त न कोई,
गहन भ्रम का खंडित पारायण।।

निशा उर चीर भोर सुहावन,
पतझड़, व्यथा में वसंत उत्सव।
थार निष्प्राण हिय अमिय सावन,
''जगराम'' प्रयास से जय संभव।।

[156]

रण शांत हुआ पर हाय अभी भी,
हाथों में तीर धनुष।
तम क्लांत हुआ पर हाय अभी भी,
अंतस में घोर कलुष।।

मद-चूर हुआ पर हाय अभी भी,
ऐंठन पहले जैसी।
पर टूट गये पर हाय अभी भी,
उड़ान पहले जैसी।।

भ्रम दूर हुआ पर हाय अभी भी,
उर सिंहासन की इच्छा।
प्रण भंग हुआ पर हाय अभी भी,
महा विनाश की इच्छा।।

जल राख हुआ पर हाय अभी भी,
दिग्विजय की अभिलाषा।
तन धूलि हुआ पर हाय अभी भी,
भोग-विलासी आशा।।

भगीरथ बन कर चिर शांति हित,
मां गंगा को लाओ।
''जगराम'' यज्ञ में न्योछावर,
कर जन्म सफल बनाओ।।

[157]

अब वीर कहां जो विरोध करें,
और जग का शोक संताप हरे।
अन्याय अधर्म के घोर समर में,
रिपु–दल का पूर्ण संहार करे।।

अपमानित हो रहा शाश्वत धर्म,
अधर्म का डंका बज रहा निर्विघ्न।
रीति–नीति का घुंट रहा गला,
मर्यादा स्वयं बिबस कुंठित उद्विग्न।।

उपेक्षा के तम में दीप बिबस,
उपहास भंवर में विश्वास अधर।
विरोध चक्रवात में पथ संभ्रम,
प्रलय में स्वयं महाकाल सिहर।।

अत्याचार के क्रूरतम यमदण्ड,
का प्राण घातिनी सबल प्रहार।
दानवता की प्रचण्ड होली में,
जल रहा आज सारा संसार।।

पतझड़ के मुख मधु वसंत सुधा,
घोर तम में नव भोर सुहावन।
शूल पथ सुमन अनुभूति अंतस,
राष्ट्रहित भेंट "जगराम" जीवन।।

[158]

यह देखिये जीत की घोर अनीति,
स्वजनों के शोणित से भरते पेट।
पाशविकता का सर्वत्र महाताण्डव,
शेष पंथ सृजन को प्रलय भेंट।।

क्षणिक स्वार्थ हित रुधिर का पान,
रसना के वश निशि आमंत्रण।
घृणित कार्य हित पंथ उल्लंघन,
तृष्णा के वश मधु स्वप्न आमरण।।

उन्मत्त सोम बेसुध आलिंगन,
क्षुधा पिपासा की गरल चाह।
मिथ्या का अवलंब कराल गाल,
मधु काम निशा की गहन गाह।।

अनंत विस्तार की भोग डगर,
स्वयंभू भू लालसा का वितान।
स्वप्नों की संभ्रमित प्राण प्रतिष्ठा,
व्यग्र अंत को सप्रमाण विहान।।

कोटिक वलिदानों का प्रतिफल
पूर्ण श्रेय-प्रेय-ध्येय परस्पर।
कण्ठहार को तुच्छ पुष्प उपहार,
''जगराम'' भोर संयम श्रेयस्कर।।

[159]

नर हो, वलि के पशु दौड़ पड़े,
उघोर यज्ञ में न्योछावर को।
चिर उपकारों को छोड़छाड़,
निष्प्राण जनित सानिध्य अधर को।।

अखण्ड साधना के फलस्वरूप,
सुरसरिता का अवतरण शुभम।
आशानुरूप साकार भोर,
नव चैतन्यमयी सुपंथ सुगम।।

घोर कृतघ्नता का अवलंवन,
अनंत उपकारों का उपहास।
फलतः शुभ यज्ञों की पूर्णाहुति,
सनातनता से पूर्ण उदास।।

छद्माकर्षण के महाज्वार में,
तरनी बिन पतवार, अभागिनि।
कूट अशांति भंवर जाल में,
अवशेष असंभव मुख प्रलयाग्नि।।

बस आनंद अतीत के आंगन,
क्षुधा-पिपासा तुष्टि बस सावन।
मोक्ष सुधा का एकमेव कूप,
''जगराम'' स्वपथ ही सत्य ठावन।।

[160]

मनु का यह पुत्र निराश नहीं,
घोर अमा के अंधकार में।
क्षण भर विचलित प्रयास नहीं,
ध्येय समर्पित जीत–हार में।।

पतझड़ के निःश्वास सबेरे,
में शोक की ऊष्णता प्रखर।
जीर्ण–शीर्ण परिधान निरुत्तर,
आलिंगन की नव आश अधर।।

पछुआ की हड़कंपित तान,
हृदतंत्री का निष्प्राण वितान।
अंतस में परिवर्तन शंकित,
भंवर पथ में नव विहान।।

अमावस की काली बदली,
मृत प्राय शून्य पथ अति दुर्गम।
संकल्प व्यथित पथ भ्रांति अधिक,
दिग्भ्रमित पंथ आश्रय संभ्रम।।

अनंत क्षितिज विकराल मेघ,
घोर तम में लघु किरण आश
पूर्वजों का अक्षुण्ण उपकार,
एक–मंत्र–अजय "जगराम" श्वांस।।

[161]

वर्तमान के झंझावातों की चकाचौंध में,
जा रहा मानव चला तज अपनी पूर्व चाह।
अंधानुकरण की अशांतिमय सविघ्न डगर में,
जा रहा मानव चला तज अपनी पूर्व बांह।
उत्थान की पराकाष्ठा मृत्यु का कोष संचय,
महात्वाकांक्षा का अनंत परिक्रम तृष्णा विहंगम।
अग्रसर की चाह में महाकाल का आमंत्रण,
प्रलय की संभावना, सुनिश्चित घनघोर संगम।।
विध्वंस का नाद फलतः पतनोन्मुखी संवेदना,
पशुत्व का अविश्रान्त नर्तन स्वातंत्र्य दुविधा उच्छृंखल।
मिथ्या प्रगति मात्र चिंतन अतीत उपेक्षा प्रवल,
भवितव्य खंडित, क्षणिक आदर्श मंडित, ध्येय उज्ज्वल।।
नव प्रगति का आकर्षण क्रूर प्रलय आमंत्रण,
अभिधान यंत्रवत शून्यता का निपट मार्ग दर्शन।
पहिचान तब संभव जब इतिहास का अनुगमन,
"जगराम" अंतस पथ शुभ संपूज्य चिर पथ प्रदर्शन।।

[162]

मंथन के अनथक प्रयास की फल श्रुति में,
है बहुत बरसी धरापर अमिय की धार।
अखण्ड जप-तप के तेजस्वी आंचल में,
है अक्षय बसती मलय की सुगंधित बयार।।
महोदधि के महोदर का मंथन प्रभावी,
देवत्व-दैत्यत्व के बल द्वन्द्व का घोर गर्जन।
नियति पर अवलंब फल-श्रुति सभ्यासभ्य आकर्ष,
त्याग और भोग उत्तरदायी वसंत अर्जन।।
अंबर तक अंबार साधना का फल सुनिश्चित,
संचित मधु कोष पर अधिकार अति सहजतम।
आकण्ठलीन अनंत की उत्कट चाह शेष,
पंथ के अथक पथिक का अभिप्रेय गहनतम।।
सुपात्र को संभाग का अधिकार पूजित,
नियति का नीतिमय निर्णय परस्पर प्रभावी।
अक्लांत हृदयों का अभिन्न समन्वय प्रफुल्लित,
नव-भोर आशा "जगराम" का लक्ष्य भावी।।

[163]

यह क्रंदन यह अश्रु मनुज की,
आहों का संघर्ष अखण्डित।
विस्मित वीथि में श्वासों का,
चक्र निरीह–निस्तेज सशंकित।।

पश्चिम के संस्कारों का,
संव्याप्त घोर ताण्डव।
तिमिर के छद्म षडयंत्रों का,
निर्मम निस्तब्ध पल जनु खण्डव।।

घोर वेदना की बयार,
शिशिर का कंपित परिहास,
संवेदना, मृत निर्झरणी,
की व्यथित पतझड़ी उच्छ्वास।।

भौतिकता के आंगन में,
दानवता की धुप बदली।
अधर्म–अनीति–अशांति के,
पथ की चकाचौंध कजली।।

धर्म–अधर्म, सत्य–असत्य, तम–पुंज,
दिन–रात, स्वर्ग–नरक, नित्य रण।
"जगराम" शेष विशेष पथ,
चिर सुखद सहज विजय वरण।।

[164]

मत सींचो दिन–रात पाप में,
जीवन कोटि यज्ञों का प्रतिफल।
मत झोंको आशीष आग में,
अतीत का वैभवशाली पल।।

कोटिक शुभकर्मों का पुण्य सुफल,
अगणित आशीषों का संवल।
पुरखों का पूर्ण साकार स्वप्न,
उत्कट आशाओं का पंथ सवल।।

सुधा कलश की क्षणभंगुर सुरभि,
मिथ्या आकर्षण की मधु आंधी।
क्षणिक सुस्वाद अनंत विषम पथ,
तरनी डोर व्योम से बांधी।

अंतर की घनघोर उपेक्षा,
घोरतम का साम्राज्य अखंडित।
श्वासों का पथ कण्टकाकीर्ण,
भूचालों का ज्वार प्रचंडित।।

अंतस का अंधकार भगाकर,
वसुधा का संताप मिटाओ।
हृदयों में नवदीप जलाकर,
"जगराम" मलय सुगंध बहाओ।।

[165]

उस दिन होगा सुप्रभात,
जब जननि अखंडित होगी।
उस दिन होगी यज्ञ सफल,
जब जननि की जय होगी।।

क्षुद्र स्वार्थ हित अपनों नें,
जननि का गला दबाया।
हाट में निज सुख के हित,
माँ का चीर खिंचवाया।।

शत सुतों की माँ होकर,
भी निपूती कहलायी।
अकथ वैभव होकर भी,
दर दर ठोकर खायी।।

सत्ता हित शोणित धारा,
आंचल तक का विभाजन।
भौतिक सुख हित पुरखों की,
शाश्वत परम्परा छिन्न-भिन्न।।

कारा में तुम्हीं आशा,
दुष्टों के अंतहित प्रयाण।
"जगराम" स्वयं दो माँ को,
अब कृतज्ञ-सुत का प्रमाण।।

[166]

प्रचण्ड पछुआरी लहरों में,
मिट्टी का अब भार संभालो।
संभ्रम के झंझावातों में,
तरनी हित पतवार उठा लो।।

मिथ्याकर्षण की चकाचौंध, नव,
भोर स्वयं अबला सा शंकित।
ज्वार की दुर्गम भीत डगर में,
पंथ स्वयं भी अधीर अचंभित।।
घोर निराशा के आंगन में,
नव आशा के दीप जला लो।।

महाध्वंस की घन-घोर गर्जना,
कालकूट का उद्भव विस्मय पथ।
कटु संघर्षों का आदर्श विस्मयी,
निष्फल व्रत दृढ़ प्रतिकार व्यर्थ-मथ।।
मंथन के इस महासमर में,
कूटनीति संवल अपना लो।।

अंतर में नव धैर्य प्रखर व्रत,
पग में भूचालों का संबल।
तन में शोणित का महाज्वार,
उत्कट नव सृजना का आंचल।
मझधार की क्रूर भंवर में,
"जगराम" थकित चाह, बचा लो।।

[167]

क्षत–विक्षत है भरत–भूमि की,
जगद्वंद्य सुपावनी प्रतिमा।
जय खंडित है भरतभूमि की,
दिग्विजयी चिर–पद–यश–गरिमा।।

देव कृति शांतिमय चिर ठांव,
चिराशा गंगोत्री अविश्रान्त।
साधना पय धार सनातन,
प्रच्छन्न उत्ताल तरंग अक्लांत।।
अभिनंदित है भरत भूमि की,
अपराजित शुभांगी उपमा।।

कोटिक यज्ञ फल सगुण रूप,
संस्कारों का अविकल पाठ।
परिमार्जित वसुधा अंतस्तल,
निस्तब्ध निशा में सुदीप्ति वाट।।
अभिमंत्रित है भरत–भूमि की,
चतुर्दिक सुदृढ़ अखण्ड परिक्रमा।।

पूर्ण मनोरथ प्रवाह अखण्ड,
जीवन सुरभि समन्वित अभिनय।
अनुभूति सर्वविध उत्तरोत्तर,
अनुभव शेष समन्वय अतिशय।।
अखंडित है भरत भूमि की,
"जगराम" हिमशिख सी महिमा।।

[168]

जग में रहकर हो सकते तुम,
शाश्वत अजर अमर अविनासी।
देव दुर्लभ को पा सकते तुम,
यदि हो, एकमेव कर्म विश्वासी।।

भोग भूमि है सारी वसुधा,
कर्म भूमि है एक मात्र भारत।
कर्मों का फल अप्रत्याशित अवश्य,
निःसंशय अविराम साधनारत।
विजय श्री स्वयं पा सकते तुम,
केवल कर्म व्रत अटल सन्यासी।।

पुरखों की कोटिक तपस्या स्वयं,
सुरसरि बन स्वागत को आतुर।
संस्कृति रूपी कल्पवृक्ष समर्पण,
पशुत्व में देवत्व आकण्ठांकुर।
स्वयं पंथ गंतव्य पा सकते तुम,
यदि क्षुधा स्वांति बिन्दु की प्यासी।।

अमरत्व स्वयं प्रतीक्षित सन्मुख,
स्वधर्म की उन्मिष पराकाष्ठा।
"जागृति" जीवन की सचमुच निधि,
ध्येय समर्पित अविच्छिन्न आस्था।
"जगराम" स्वयं बन सकते तुम,
कर्म ही पूजा अक्षुण्ण थाती।।

[169]

यह तृष्णा, यह भूख, न देती,
जीवन का सर्वस्व हर लेती।
परवशता के अंधकार में,
वसंत को पतझड़ कर देती।।

अर्थ विवस संशय का सावन,
पावस रहित उमंग सुहावना।
विदीर्ण हृदय सतृप्त कल्पना,
क्लांत-शांत उद्वेग सनातन।
महाताण्डव की कारा में,
जीवन को पत्थर कर देती।।

कामनाओं का मिथ्याडंबर,
अतृप्त काम की प्यास निरन्तर।
अहर्निश सोम प्रणय असंभव,
विकल अधीर अवंद्य अंतर।
उन्मत्त निशा की मधु शय्या पर,
कोटिक यज्ञ निष्फल कर दती।।

सन्मुख गंतव्य व्रत ध्येय समर्पित,
कृतज्ञ प्रयासों के अनंत स्वर।
सद्कर्त्तव्यों का सुफल-मनोरथ,
सनातन प्रवाह स्वधर्म प्रखर।
"जगराम" शेष कामना एक,
तुच्छ भेंट सुगंध भर देती।।

[170]

कर्म–हीन नर की शिक्षा पर,
निष्ठुर मूक पाषाण हृदय।
भार–व्यर्थ का कंपित वसुधा,
असमंजस में भोर उदय।।

तरनी की करनी साश्चर्य,
भ्रमित–चकित मध्य क्लान्त पथिक।
वैतरणी की धार भंवर,
भोग तृषा की क्षुधा अधिक।।

भ्रम ज्वार के सन्मुख हतप्रभ,
काल–गाल सृजन विलय।।

कोटि प्रयासों का प्रतिफल,
मधु अनुभूति निमग्न विशेष।
निरस कोष आकण्ठ व्यथित,
संभ्रम अपितु अविचल अशेष।।
विवस पंक आलिंगन शापित,
निस्तेज भोर पथ स्वयं प्रलय।।

कर्म–ज्ञान–भक्ति का अवलंबन,
स्वधर्म समर्पण अनुष्ठान मुख।
सांस्कृतिक संयोग चतुष्ट्य व्रत,
महायज्ञ सुफल गंतव्योन्मुख।
"जगराम" साधना पथ व्रत,
सार्थक जन्म व्यग्र स्वयं मलय।।

[171]

अकर्मण्य पंडित हो जाता,
पांडित्य की ओढ़ चदरिया।
आडम्बर मंडित हो जाता,
अज्ञान की घोर बदरिया।।

घोर पशुत्व के प्रति आसक्ति।
अंतः शून्य पूर्णता बहिर्भक्ति।
मिथ्या संस्कारों का आकर्ष।
निरा मृतक जड़ वितण्डादर्श।।
शुभ जीवन व्यर्थ हो जाता,
वसना की मोह नगरिया।।

जड़त्व के प्रति मोह अंतस्तल।
पूर्ण विमुख परम्परा फल।।
त्याग सर्वथा व्यक्त आलिंगन।
बृथा उमंग ज्वार अभिनंदन।।
प्रवाह खंडित हो जाता,
रसना की भोग डगरिया।।

ज्वार में भी धैर्य अविचल।
साधना की ज्वाल प्रतिपल।।
रीति-नीति के प्रति समर्पण।
वसुधा हित "जगराम" अर्पण।
स्वधर्म स्वयं भोर हो जाता।
नव चैतन्य सहज थपरिया।।

[172]

आगे बढ़कर कौन आज,
सबके आंसू पोंछेगा।
घर घर जाकर कौन आज,
सबके बंधन काटेगा।।

संकट हर कर कौन आज,
तापों का ताप हरेगा।
शोक दूर कर कौन आज,
आनंद की सुधा भरेगा।।

दुखियों के सिर कौन आज,
ममता का हाथ धरेगा।
हीन वंचित के कौन आज,
हृदयों के घाव भरेगा।।

त्रैतापों का कौन आज,
संपूर्ण विनास करेगा।
भेदभाव की घोर निशा,
को कौन समाप्त करेगा।।

दरिद्र नारायण हित अर्पित,
हो, ईश! दो आशीष एक।
जीवन तिल तिल न्योछावर,
हो "जगराम" की चाह एक।।

[173]

स्वजन के अभाव में,
महल खंडहर सा।
दीप के अभाव में,
सब अंधकार सा।।

दिनकर का तेज भी,
निरा बौना सा।
विनास का वेग भी,
नवल छौना सा।

नेह की रिक्तता में,
स्पर्श भी शूल सा।
छांव उपलब्धता में,
अनिश्चय भूल सा।।

परहित में बलिदान,
निश्छल सावन सा।
स्वजन के लिए जीवन-
"हो" "जगराम" सा।।

[174]

नभ में लाली छाई।
पूरब ने ली अंगड़ाई।।

ऊषा इठलाती आई।
नव शिशु ने ली जम्हाई।।

घर–घर में बजी बधाई।
सबको बंटी मिठाई।।

दीपावली मनाई।
शोभा बरनि न जाई।।

तम की चिता जलाई।
दिन ने खुशी लुटाई।।

मनहारी छटा सुहाई।
मानो इंद्रपुरी लजाई।।

दूर छलांग लगाई।
विलुप्त हुई परछांई।।

माया लगे पराई।
तब परा पड़े सुनाई।।

परहित में जो भाई।
"जगराम" तप दिखाई।।

[175]

सब देशों से न्यारा है।
भारत देश हमारा है।।

जिसके माथे हिमगिरि सोहे।
दिव्य तपोवन भुवन को मोहे।
जहां शंकर का द्वारा है।।

जिस पर पावन नदियां बहतीं।
जो पापों को क्षण में हरतीं।
जहां अमृत की धारा है।।

सुर जहं खेलन को ललचाते।
जिसकी महिमा के गुण गाते।
स्वर्ग चरणन बलिहारा है।।

जहाँ राम ने दिशा बतायी।
जहाँ कृष्ण ने आश बंधायी।।
धरम ही एक सहारा है।।

जहाँ अमूल्य रत्नों की थाती।
जहं पर वीरों की परिपाटी।
सम्पूर्ण समर्पण नारा है।।

जिस पर हमनें जन्म लिया है।
अन्न जल जिसका ग्रहण किया है।
गोदी में सुख सारा है।

समाज संगठन ध्येय हमारा।
व्यक्ति निर्माण आधार हमारा।
"चाह" जननि जयकारा है।।

ईश्वरीय है कार्य सुपावन।
"जगराम" का पूर्ण आहुति जीवन।
प्राणों से भी प्यारा है।।